영혼을 담은 시 쓰기

# 영혼을 담은 시 쓰기

소강석 지음

샘터

## 추천의 글

-

## 사상성과 감성의 체험적 시 창작론

김종회(문학평론가, 전 경희대 교수)

　시인이자 목회자인 소강석 목사님의 시 창작론 《영혼을 담은 시 쓰기》를 통독하면서 여러 번 놀랐다. 우선 이제까지 13권의 시집을 상재上梓한 시인이며 그것도 역량 있는 감성 시인으로 널리 알려진 분이기는 하나, 시 창작과 시 창작 방법론은 서로 결이 다르고 논의의 영역 또한 별개이기에 그 기술記述의 난점이 만만찮을 것이라는 생각에서였다. 다음으로 지금껏 한국 문학사에 목회자 신분의 좋은 시인이 많이 있었으나, 그 가운데서 이렇게 창작법의 실제를 포함하여 직접적으로 실기를 강론하는 저술을 내놓은 분은 없는 까닭에서였다. 더 나아가서 그렇게 해서 간행된 이론서가 허술하게 꾸려졌으면 더 말할 바 없을 터이지만, 이 책은 사뭇 치밀한 세부 항목과 짜임새를 갖추고 있어 놀랄 수밖에 없었던 것이다.

소강석 목사님은 그동안 시인으로서 지속적으로 창작 과정을 이어오고, 특히 우주 자연의 삼라만상을 두루 감각하면서 감성의 순수와 인간사의 은유를 수발秀拔하게 표현해 왔다. 그와 같은 창작 활동의 연장선상에서 윤동주문학상, 천상병귀천문학대상, 황순원문학상 등 이름 있는 상의 수상자였으니 그 시 세계의 예술성과 미학적 가치를 어렵지 않게 납득할 수 있다. 기실 그렇게 충일한 시 정신의 소유자이자 견실한 창작자인 연유로, 자신의 시적 세계관과 체험을 반영한 이 저술이 허접할 리가 없는 터이다. 특히 한국 기독교계의 지도적 위치에 있는 성령 충만한 목회자이기에, 신앙과 문학이 만나서 이루어 내는 종교적 사상성의 결실을 기대하게도 한다.

실제로 이분의 시에는 기독교의 절대자인 하나님이나 예수님 같은 용어가 전혀 모습을 보이지 않는다. 그 대신에 일상의 범주에서 마주하는 모든 사람과 사물이 비유와 상징의 날개를 타고 직접적인 언급보다 훨씬 더 강력한 상상과 믿음의 세계를 축조한다. 이번의 책을 일별해 보면, 그러한 시적 특성이 시론의 전개 및 인용 시의 예거에 있어서도 그 영향력을 발휘하고 있음을 알 수 있다. 소 목사님이 당초부터 시인인 까닭으로, 이 책의 예증을 자신의 체험적 시 읽기와 결부한 것은 매우 잘된 선택으로 보인다. 예컨대 도입부 〈소년 시인의 사탕과 라디오〉 같은 대목이 그에 대한 확고한 예증이다. 그렇다고 언필칭 이론서에 해당하는 이 책이 창작론 본래의 기능을 놓치는 바는 없다.

〈시의 기원〉이나 〈시의 어원〉 그리고 〈시의 본성, 그리움과 사랑〉 등의 항목이 그 원론의 기초를 튼실하게 한 사례다. 그런가 하면 〈시의 정의〉와 〈시의 동력, 애절함과 간절함〉은 시 창작의 방향성에 대한 저자 자신의 인식을 반영하여 자못 독창적인 창작 이론의 확립을 보여 준다. 이어서 〈시를 어떻게 쓸 것인가?〉와 〈시 창작을 위한 제언〉에서는 이 저자에게서만 들을 수 있는 시의 원론과 각론이 단계적으로 제시되고 있다. 이 모든 논리와 예증의 확립을 위해 저자 자신의 시는 물론, 자신이 일정한 성취를 이루었다고 인정하는 여러 시인의 시를 자유자재로 인용하고 또 활용하고 있다. 실로 종횡무진의 시론들이다.

시인은 이 책의 결미에 이르러 독자가 자신의 인생과 이 세상을 푸른 바다로 만드는 '한 마리 고래'가 되기를 소망한다고 했다. 이 책을 통독하고 난 후의 전반적인 후감은, 이처럼 가슴이 시리도록 직접적이고 실제적이며 깊은 감동을 남기는 시론서를 그동안 보기 어려웠다는 것이다. 아마도 문예이론을 오래 공부한 이론가가 썼더라면, 결코 이와 같은 공감을 촉발하지 못했을 것이다. 종교적 상상력과 시적 감수성의 양자를 거멀못처럼 한꺼번에 포괄하고 있는, 체험적이고 실증적이며 그로 인해 감명 깊은 시 창작 방법론의 범례가 바로 여기에 있다. 시인이거나 시론가이거나, 또 앞으로 시를 쓰기 위하여 마음의 준비를 하고 있는 모든 분께 정중하고 간곡하게 일독을 권하는 바이다.

## 서문

 나에게 시는 동경의 대상이다. 남들은 나에게 시인이라고 하고 문학성이 깊은 목사라고 하지만 여전히 시가 낯설고 멀리 있는 것 같다. 나는 국문과나 문창과를 전공한 사람도 아니다. 그저 시가 좋아서 쓰다 보니까 어느덧 13권의 시집을 출간한 중견 시인이 되었고 과분하게도 천상병귀천문학대상, 윤동주문학상, 황순원문학상을 수상하게 되었다.
 시는 자연과 인간에 대한 사랑이 아닐까. 그 마음의 시선을 은유, 상징, 함축과 은닉의 이미지로 형상화하여 운율의 언어로 쓰다 보면 시가 된다. 그래서 시를 쓰다 보면 자연을 가까이하게 되고 인간을 이해하고 사랑하게 된다. 내가 시

속으로 들어가 꽃이 되기도 하고 시가 내 안으로 들어와 꽃을 피울 때도 있다.

성경도 당대 최고의 문학적 경지에 오른 예술적 작품성을 지닌 영감의 글이다. 그래서 특히 목회자라면 탁월한 수사학적 웅변가도 되어야 하지만 동시에 문학적 감성과 독법의 테크닉도 있어야만 한다. 그럴 때 인간을 이해할 수 있고 더 깊은 지혜와 사유, 감동을 전할 수 있기 때문이다.

《영혼을 담은 시 쓰기》는 학문적 이론서라기보다는 내가 직접 몸으로 부딪치며 써 내려간 시의 이력서요, 자소서 같은 책이다. 어떻게 시를 쓰게 되었는지, 시적 환경과 상황, 시의 진보와 심화, 확장의 내력을 살펴볼 수 있다. 특별히 어떻게 시를 쓸 것인가에 대한 실제적인 방법을 소개하고 싶었다.

그래서 처음에는 다양한 현대 시인들의 시를 소개하면서 시 이론을 설명하였지만, 저작권 문제로 인하여 부득이하게 제목과 해설만 담게 되었다. 대신 나의 시를 많은 예문으로 소개하였다. 나의 시와 더불어 책에 수록된 시인들의 시를 직접 찾아 읽어 보는 것만으로도 큰 도움이 되리라 생각한다. 지금까지 분주한 목회 일정과 광속의 질주 속에서도 시집을 놓지 않고 창작의 불빛을 밝히며 시의 바다를 건너왔다.

앞으로도 낮에는 해바라기가 되고 밤엔 달맞이꽃이 되어 태양의 찬란한 연가를 쓰고 별들과 함께 황홀한 월광곡을 노래하며 사람과 사람 사이에 다리를 놓는 시를 쓰고 싶다. 나에게는 두 분의 큰 시적 스승이 있다. 정호승 시인님과 김종회 교수님이다. 부족한 사람의 책에 기꺼이 추천사를 써 주신 사랑에 감사드린다. 책을 출판해 주신 샘터사 김성구 대표님께도 감사드린다. 이 책이 시를 조금이라도 더 이해하고 사랑하게 하는 꽃 편지가 되고 안내서가 되기를 바란다.

2025. 12. 1.

소강석

차례

추천의 글 - 사상성과 감성의 체험적 시 창작론　5
서문　9

1. 소년 시인의 사탕과 라디오　15

　　어느 산골 소년의 이야기　17
　　소년의 슬픈 장날　21
　　시적 상상의 발원, 라디오　30
　　시인 소년, 예수님을 만나다　33

2. 시의 기원　39

　　시의 원시성　41
　　시의 예술성　46

3. 시의 어원　51

　　서양학적 어원　53
　　동양학적 어원　56

4. 시의 본성, 그리움과 사랑　59

　　시인의 편지가 연결해 준 사랑　61
　　실낙원 이후의 향수　64
　　시, 원형에 대한 그리움과 사랑　67

## 5. 시의 정의  77

시에 대한 일반적 정의들  80
문학적 귀족주의 관점에서 본 시의 정의  82
내가 생각하는 시의 정의  86

## 6. 시의 동력, 애절함과 간절함  89

## 7. 시를 어떻게 쓸 것인가  99

시의 동기 - 시인의 마음 갖기  103
시의 시작 - 새롭게 보기  108
시의 기술 - 낯설게하기  113
시의 생명 - 창의성  118
시의 디자인 - 이미지화  128
시의 여백 - 함축과 은닉  137
시의 묘미 - 역설과 반어  144
시의 형식 - 운율과 문체  154
시의 진화 - 모방과 창작  158
시의 진실 - 체험과 해석  162
시의 성격 - 콜라 같은 시, 물 같은 시  170
시의 혼 - 시대적 소통과 가교  177
시의 종착 - 땅의 사람, 하늘의 시  200

## 8. 시 창작을 위한 제언  207

1.

소년 시인의
사탕과
라디오

## 어느 산골 소년의 이야기

나는 목회자이다. 그리고 시인이다. 사실 국문과 졸업생도 아니고 시를 전문적으로 공부한 적도 없다. 그러나 태어날 때부터 시적인 본성을 가지고 태어난 사람 같다. 물론 수많은 시집, 시 창작 서적을 탐독했다. 그러면서 나만의 시 세계를 이루었고, 아주아주 쉬우면서도 흥미로운 시 창작에 대한 책을 내고 싶었다.

나는 어린 시절부터 이야기를 좋아했다. 이야기를 듣다 보면 시간이 가는 줄 몰랐다. 그리고 나 스스로 이야기를 만들기도 했다. 그야말로 이야기는 황홀한 상상의 세계였다. 아마도 내가 이야기를 좋아할 수 있었던 것은 막내로 자랐기 때문일 것이다. 아버지께서 형이나 누나는 늘 엄한 매로 공부시켰다. 천자문, 수학 공부, 구구단 암송 등 시험 점수 올리는 지식 교육을 많이 시킨 것이다.

그러나 막내였던 나는 비교적 자유로웠다. 그래서 할머니, 어머니, 누나로부터 옛날이야기를 많이 듣고 자랐다. 귀신, 도깨비, 보릿고개 이야기, 6·25 때 고생한 이야기… 그야말로 꿈과 환상의 보물섬이었다.

그중에서도 효심이 지극한 효자 이야기가 생각난다. 어머님이 병환으로 곧 돌아가시게 되었을 때, 효자는 죽은 사람의 다리를 잘라서 삶은 물을 마시면 살 수 있다는 이야기를 듣는다. 효자는 깊은 밤 공동묘지를 찾아가 한 묘지를 골라 파헤친 후 시체를 꺼내어 다리를 자른다. 할머니가 이런 이야기를 할 때면 나는 마치 내가 공동묘지에 있는 것처럼 벌벌 떨면서 이야기 속으로 빠져들었다. 나도 모르게 손에 땀이 나고 숨을 죽였다.

마침내 다리를 자른 효자가 옷섶에 시체의 다리를 숨기고 밤공기를 가르며 숲속을 달린다. 어디선가 승냥이의 울음소리가 들리는 것만 같다. 나도 함께 달린다. 숨이 차고 심장이 터질 것 같다. 그때 뒤에서 하얀 소복을 입은 여자가 긴 머리카락을 풀어 헤치고 달려온다. 그리고 도망가는 효자의 뒷덜미를 잡는다. "내 다리 내놔, 내 다리 내놔." 효자는 질겁하고 도망을 간다. 할머니가 갑자기 내게 손을 뻗치며 "내 다리 내놔!" 하면 나는 놀라서 이불 속으로 숨었다. 그리고 몸을 덜덜 떨면서도 또 할머니의 이야기에 귀를 쫑긋 세웠다. 마침내 효자는 집에 와서 다리를 삶아 어머니께 봉양한다. 그런데 아침에 보았더니 그것이 산삼이었다. 이런 이야기를 들으면 놀랍도록 상상의 세계가 커진다.

이처럼 이야기는 사람들을 매혹하는 힘이 있다. 나는 이야기가 끝나면 또 해달라고 졸랐다. 할머니와 어머니, 누나들은 이야기보따리가 떨어지면 거짓말로 이야기를 지어서 해주곤 했다. 그때 들었던 이야기들 덕분에 나에게는 독특한 상상력과 창의성, 문학성이 길러졌다. 즉, 사람들을 웃기고 울리게 하는 창의적 내러티브의 힘이 생겼다. 나는 목회자로서 설교할 때도 이야기 설교를 한다. 어떤 딱딱한 교리나 이론적인 설교를 해도 이야기로 들린다. 그래서 사람들은 마음을 열고 이야기 속에 빠진다. 마치 어린 시절의 내가 그랬던 것처럼.

난 이야기만 좋아했지, 글자 공부를 하지 못했다. 다른 아이들은 학교 들어가기 전에 한글을 배우고 구구단을 외우고 천자문도 배웠지만, 나는 까막눈으로 들어갔다. 어머니가 가슴에 코를 닦는 큰 수건을 차 주셨지만 그것이 어색해서 떼어 버리고 학교에 입학했다. 대신 코를 흘릴 땐 소매 끝으로 윤기가 나도록 닦아 냈으니 얼마나 우스웠겠는가. 코를 얼마나 닦았는지 내 옷소매는 늘 반들반들했다.

그러나 나는 금방 한글을 익혔고 초등학교 글짓기 대회에 나가서 고향인 남원 전체에서 1등을 했다. 5, 6학년 때는 웅변대회와 고전 읽기 대회에 나가 전라북도교육감상을 받기도 했다. 웅변대회에 나가서 이승복이나 어머니 은혜 등을 주제로 이야기하면 사람들이 엉엉 울어 버릴 정도였다. 글자 공부를 하지 않았지만 어린 시절에 옛날이야기를 많이 들으며 자랐기 때문이다.

그뿐만 아니라 노래도 잘해서 전교에서 1등을 했던 기억이 난다. "풀냄새 피어나는 잔디에 누워 / 새파란 하늘가 흰 구름 보면 / 가슴이 저절로 부풀어 올라 / 즐거워 즐거워 노래 불러요." 아, 생각만 해도 얼마나 아름다운 날들이었는지. 초등학교 5학년 때는 마을 콩쿠르에 나가서 인기상을 받았을 정도로 노래를 좋아했다. 유년 시절에 들었던 그 모든 이야기와 노래는 나에게 삶을 사랑하고 아름답게 볼 수 있는 시인의 시선을 가르쳐 준 것만 같다.

## 소년의 슬픈 장날

나의 시는 엿장수, 사탕 장수로부터 시작되었다고 할 수 있다. 나는 어렸을 때 달콤한 엿을 너무 좋아했다. 하지만 엿장수가 우리 동네에 와도 부모님께서 안 사 주시는 것이다. 폐품을 주고 엿을 사 주시는 것이 아니라 비누, 고무줄, 좀약 등을 사 오셨다. 그래서 장날이 되어 읍내로 나가시는 아버지의 손을 붙잡고 꼭 엿 대신 사탕을 사 오시라고 졸랐다. 아버지는 꼭 사 오겠다고 약속을 하셨다.

하루 종일 마루에 앉아 아버지를 기다렸다. 이것도 일종의 그리움이 아니었을까. 하지만 아버지는 장에 가서 누구에게 술을 얻어 드셨는지 붉은 얼굴로 오셨다. "아버지, 사탕 안

사 오셨어요?" 그때 아버지는 이렇게 말씀하셨다. "아이고, 우리 막내아들아, 어쩠그나? 장에 갔더니 읍내의 사탕 장수, 엿장수들이 다 죽어 버렸더라. 풀빵 장수 아저씨도 죽어 버리고…. 그들이 죽었다고 상여를 메고 가는데 사탕 장수, 풀빵 장수 아들들이 얼마나 서럽게 우는지…. 이놈아, 너는 부모가 멀쩡히 죽지 않고 살아 있는 거 감사해야 된다."

나는 아버지 말씀을 듣고 죽은 사탕 장수의 아이들이 너무 불쌍해서 그만 울먹거렸다. 나는 어릴 적부터 상여가 나갈 때 공포功布를 단골로 들었기 때문에 부모를 잃은 슬픈 아이들을 상상할 수 있었다. 공포란 명정銘旌 뒤에 들고 가는 것으로 제법 긴 삼베 천을 장대에 매단 것을 말한다. 나는 항상 그걸 들고 다녔다. 다른 것을 들어도 다 똑같이 100원씩 주는데 왜 하필 그것만 들었냐면, 다른 것은 다 무덤에 묻거나 불로 태워 버리지만 그 삼베만큼은 집으로 가지고 갈 수 있었기 때문이다.

55~56년 전 아이들한테 100원은 지금 우리에게 10만 원보다 더 많은 어마어마하게 큰돈이었다. 게다가 삼베 조각도 집으로 가져갈 수 있어서 공포 드는 일을 끝까지 고집한 것이다. 그렇게 100원과 함께 삼베 천을 얻어다 어머니께 갖다 드리면 우리 어머니는 행복한 얼굴로 입이 찢어지도록 웃으시며 칭찬하시는 것이다. "아이고, 우리 막둥이가 살림꾼이

네, 또 살림 벌어 왔네. 우리 막내는 공부도 잘하제, 말도 잘하제, 성격 좋제, 이렇게 어릴 때부터 돈도 벌어 오고, 삼베도 얻어 오고. 세상에, 우리 막내 같은 아들이 어디에 있을까…."

입이 찢어지도록 웃으시며 행복해하시는 어머니의 그런 모습이 너무 좋아서 또 그 일을 하는 것이다. 그때 내가 공포 드는 일을 너무 잘하니까 초등학교 다니기 전부터 시작한 그 일을 초등학교를 다니면서도 계속했다. 먼저 학교에 가서 조퇴한 후에 공포를 들러 갈 정도로 우리 마을에서 인정받았다. 왜냐하면 상여가 나갈 때 다른 아이들은 선소리꾼의 소리에 신경도 안 쓰고 자기들끼리 웃고 장난을 치느라 발도 안 맞추는데, 나는 완전히 점잖게 행동하고 처지지도 않고 템포를 맞추어 노숙하게 들고 갔기 때문이다.

그래서 우리 마을에서 사람이 죽었다 하면 공포 드는 일은 나의 독점 비지니스가 되어 버렸다. 어린 시절 공포를 하도 많이 들고 다녀서 지금도 상여 나갈 때 들었던 만가輓歌 소리가 익숙하다. 어디로 향하는지도 모른 채 이생의 마지막 길을 떠나며 죽음의 허무만을 노래하고 있는 선소리꾼의 만가의 내용들…. 나는 지금도 그 선소리꾼의 구슬픈 만가가 귓전에 생생하다. 내 고향 남원은 동편제의 발원이며 서편제의 영향도 받은 곳이다. 그러므로 남원의 만가는 가장 한이 깊게 서려 있다고 할 것이다. 어쩌면 만가 중의 만가라고 할 수도 있을 것이다.

관아, 어으 어이 관아 으어이~ 관아~ 으이

가네 가네 나는 가네 / 정든 집을 두고 나는 가네
어이 노 어이 노 / 어이 가리 어이 노

그러나 아무리 외친들 관에서는 아무 대답이 없었다. 그냥 상여꾼들이 그 시신을 대신하여 노래를 불러 주는 것이다. 물론 이것도 그 시대의 시요, 노래였다.

어젯밤에는 안방에서 잤건만 / 오늘 저녁은 북망산천
어이 노 어이 노 / 어이 가리 어이 노
이제 가면 언제나 오실라요? / 오실 날짜나 가르쳐 주소
어이 노 어이 노 / 어이 가리 어이 노
산천초목은 변함이 없건만 / 우리네 인생은 어디로 가는고
어이 노 어이 노 / 어이 가리 어이 노

그러다가 상여 행렬은 조그마한 도랑만 하나 만나도 절대로 도랑을 건너지 않고 선소리꾼은 목청을 높여서 이렇게 노

래하기 시작한다.

*황천길에는 노자가 없어서 배가 고파서 못 가겠네 그려*
*어노 어노 어이 가리 어노*

**그래도 돈을 안 걸면 이렇게 노골적으로 노래를 한다.**

*이리저리 눈치나 보지 말고 노잣돈이나 풍성히 거소…*

그러면 상주들이 상여줄에 400원, 500원, 1,000원씩 걸어 준다. 부자는 만 원짜리도 몇 장 걸어 둔다. 그래서 돈이 상여줄에 많이 걸리면 소리꾼은 시간 없다며 빨리 간다.

*어노 어노 어이 가리 어노*

그러나 지금은 이런 만가를 불러 주는 어른들이 세상을 떠나서 녹음기를 틀어 놓고 하고 있다. 그런 의미에서 나는 인간문화재 수준이라고 할 수 있다. 한여름철에는 관 안의 시신에서 썩은 피가 줄줄 흘러내렸다. 산비탈을 가다 보면 상여가 기울기도 한다. 지독스럽게 냄새나는 피가 주르륵 상여 멘 사람들의 어깨로, 땅으로 쏟아진다. 그렇게 이동하고 나서 장지에 도착하면 관을 땅에 묻는 모습을 보았다.

관을 땅에 내릴 때도 시신의 썩은 피가 관에서 줄줄줄 흘러내렸다. 송장 썩는 냄새가 얼마나 지독한지, 쥐 썩은 냄새보다도 열 배나 더 독한 냄새가 난다. 하지만 나는 그 냄새를 맡으면서도 삼베 조각을 집에 들고 갔을 때 환한 웃음을 지으시며 칭찬해 주시는 어머니의 모습을 떠올리며 참고 참으면서 사람 묻는 것을 보았다.

나는 공포를 들었던 날 저녁이면 잠이 들기 전에 자문자답을 했다. '인생이란 무엇인가, 어디에서 왔으며 어디로 가는가. 저 맑은 하늘 찬란하게 반짝이는 별들 너머에는 누가 살고 있는가. 사람이 죽으면 땅에만 묻히는가, 아니면 우리의 영혼이 저 반짝이는 별들 너머로 날아가서 또 산단 말인가. 언젠가 우리 아버지 어머니도 돌아가시겠지…. 그리고 나도 죽겠지.'

그런 생각을 하다 보면 죽은 사람의 두 눈알이 둥그렇게 내 눈과 마주치는 것 같아 잠 못 들던 때도 있었다. 그때부터 나는 철학적 사고를 했고, 저절로 시인이 된 듯하다. 그런 사건들이 내 안에 시심詩心을 더 깊게 자리매김하게 한 듯하다. 그런 생각을 하다 보니 죽었다는 사탕 장수가 더욱 생각나는 것이다. '사탕 장수 아버지가 죽었으니 누가 사탕을 팔까. 그래도 아이들이 굶지 않으려고 울면서라도 사탕을 팔겠지. 내

가 읍내에 살면 그 아이들의 친구라도 되어 줄 텐데. 너무 불쌍하다….'

혼자 말 없는 상상을 한 것이다. 그러면서 죽은 사탕 장수 아저씨의 얼굴이 떠올랐다. '그 아저씨는 살아 있을 때 아들에게 사탕을 주었을까. 혹시 아이들이 사탕을 훔쳐 먹었다고 때리진 않았을까. 그 아이들은 얻어맞으면서라도 사탕은 얻어먹었겠지….' 그래서 사탕 장수의 아이가 부러웠다. 이런저런 생각이 천장 가운데 오버랩되면서 잠이 들었다.

그런데 오랜 후, 작은형을 통해서 아버지가 거짓말하셨다는 것을 알게 되었다. 그래서 억울하고 분한 마음에 그다음 날 엿장수가 왔길래 쟁기 보습을 풀어다가 팔아서 엿을 사 먹었다. 그날 아버지께 무자비하게 얻어맞았다. 거짓말을 하고 사탕을 사 주지도 않으면서 쟁기 보습으로 엿을 사 먹었다고 때린 아버지가 원망스러웠다. 아버지께 죄송한 마음이 들면서도 억울한 눈물이 흘러내린 것이다.

그렇게 눈물로 베갯잇을 축축이 적시다 잠이 들었다. 다음 날이 장날이었다. 그날은 아버지가 가마니를 짜서 장에 팔러 가셨다. 그 가마니를 팔아서 큰형의 학비를 조달하고 집안 살림살이를 하셨으니…. 그것을 깨닫는 순간, 아버지가 측은하고 고맙게 여겨졌다. 그래서 장에 나가시는 아버지께 이렇게 인사를 했다. "아버지, 오늘은 장에 가셔서 사탕 안 사 오셔도 돼요."

그런데 그날 저녁 아버지는 사탕을 한 봉지나 사 오신 것이다. 얼마 후에 남원군 백일장 대회가 있었다. 남원중앙초등학교에서 열렸는데, 군에 있는 모든 초등학교에서 글깨나 쓴다고 하는 애들이 대표로 다 모였다. 그때 선생님께서 글 주제를 칠판에다 쓰는데 하필이면 '장날'이라는 제목이었다. 이런 걸 행운이라고 할까? 돌이켜 보면 하나님의 은혜였다.

나는 가슴이 뛰었다. 그때 쓴 글을 다 기억할 수는 없지만 이런 내용의 글이었다. 먼저 우리 아버지와의 약속을 언급했다. 그리고 아버지가 들려준 죽은 사탕 장수의 아들들에 대한 글을 썼다.

"장날이 오면 죽은 사탕 장수가 생각이 난다. 상여 뒤를 따라가는 소년은 검은 잠바를 입었을까. 아니면 꼬마 애까지 상복을 입었을까. 혹시 소녀라면 소녀는 분홍 스웨터를 입었을까. 아니면 소녀마저도 하얀 상복을 입었을까. 소년과 소녀는 얼마나 서럽게 울어 댔을까. 그날 이후 장날이 오기만 하면 내 마음에 비가 내린다. 내 마음에 비가 내리면 내 눈에서는 어느새 눈물이 흘러내린다."

아마 이런 내용으로 썼던 기억이 난다. 그런데 내가 장원상을 받게 된 것이다. 내가 다니는 오동초등학교에 도착한 그 장원상을 교장 선생님이 전교생이 보는 앞에서 나에게 주신 것이다. 그때부터 나는 우리 학교에서 글 잘 쓰는 소년으로 불리었다. 그래서 학교 대표로 여러 글쓰기 대회에 나가 상을 받았을뿐더러 고전 읽기 대회와 웅변대회에도 나가 연달아 상을 받았다.

## 시적 상상의 발원, 라디오

내가 어린 시절, 작은아버지가 사업을 폭삭 망가뜨리고 서울로 도망을 쳤다. 만약에 잡히면 당장 교도소에 간다는 것이다. 그러니까 할머니가 "아이고, 어쩌냐. 우리 아들이 감방 가면 어쩌냐…" 걱정을 하셨다. 그래서 나의 아버지가 좋은 전답을 팔아서 작은아버지의 급한 빚을 갚아 줬다. 그 일 때문에 아버지는 날마다 자식들과 어머니에게 죄인이셨다. 그런 죄인도 어느 잔칫집에 가서 술을 잔뜩 마시고 오시면 간이 배 밖으로 나오셨다. 그리고 어머니와 밤늦게까지 말다툼 하셨다.

그때 나는 항상 아버지, 어머니의 싸움을 말리고 화해를 시켰다. 그렇게 어머니, 아버지 싸움을 말리다 보면 숙제를 못 하고 학교에 가서 대나무 뿌리로 손바닥을 맞았다. 다른 애들은 동생 보다가 숙제를 못 했다고 하고, 일하다가 숙제를 못 했다고 핑계를 대는데, 나는 아무 말 없이 눈물을 흘리며 그냥 매를 맞았다. 어머니와 아버지가 싸우셨다는 말을 차마 할 수가 없었기 때문이다.

그런데 정말 감사하게도 작은아버지가 서울로 야반도주하셨을 때 남겨 두고 간 것이 하나 있었다. 그게 바로 라디오였다. 내가 교회를 나가 예수님을 만나기 전에 하나님께서 나에게 주신 최고의 선물이 바로 라디오였다. 지금 돌이켜 보니, 상상력이나 창의력이 발달하는 데에는 TV보다 라디오가 훨씬 더 큰 영향을 준다는 사실을 깨달았다.

나이가 60대 초중반이라면 〈손오공〉을 기억할 것이다. TBC 동양방송에서 했던 라디오 연속극인데, 《서유기》에 나오는 삼장법사가 서역으로 가는 길에 손오공과 사오정, 저팔계를 만나 함께 가는 이야기다. 그때 박영남 성우가 주인공 손오공 역을 했다. 그 연속극을 듣기 위해 귀를 라디오에 대고 쫑긋하며 얼마나 잘 들었던지 지금도 〈손오공〉의 주제곡이 기억난다.

오색구름 타고 일만 팔천 리

하늘을 주름잡는 랄랄라 손오공
우랑바리 바르다 바르흠
뽀따라가따라마까 브라냐
손오공 손오공 번개처럼 날아라
손오공 손오공 달려라 손오공

지금도 손오공의 주문을 기억하고 있다. "우랑바리 바르다 바르흠 뽀따라가따라마까 브라냐. 오색구름 나와라, 야잇 야잇 야잇. 커져라 여의봉, 야잇 야잇 야잇." 그뿐인가? 그 후 MBC에서 했던 〈마루치 아라치〉도 있다.

달려라 마루치 날아라 아라치
마루치 아라치 마루치 아라치 야!
태권동자 마루치 정의의 주먹에
파란해골 13호 납작코가 되었네

어린 시절, 라디오를 들으며 머릿속에 펼친 오색찬란한 상상력은 창의적인 시적 감성의 발원이 되었다.

## 시인 소년, 예수님을 만나다

고등학생 시절 학교 후배의 권유로 처음 교회에 나가게 되었다. 교회에 다니면서 교회 학생회장이 되어 교회 회지에 마음껏 필력을 발휘하며 여학생 자매들에게 인기가 많았다. 특별히 어느 자매의 각별한 친절에 나는 연정을 품으며 신앙 또한 성숙했다. 그걸 소년 시절의 첫사랑이라고 할까?

그 시절을 회상하며 〈첫사랑〉이란 시를 써 보았다.

이름 석 자만 기억할 뿐
복사꽃 앳된 얼굴은 아련해 간다
아내에게도 말하지 못했던

소복이 쌓인 추억 속에 묻어 둔 사랑

그것만큼은 천국까지 갖고 가고 싶다

네가 준 솜사탕의 달콤함도

작은 가슴 벅차기에

오히려 아픔이었지만

처음으로 이브를 알게 했던 너

지금은 어디쯤

목련의 서늘함으로 행복을 만드는지

이루지도 못할 사랑

왜 그다지 설레고

서글프게 헤어질 걸

왜 그리도 집착했던지

애틋한 풋내기 사랑만 남긴 채

세월은 이렇게 가고

흑백 사진 속의 추억 속으로만 남았구나

이젠 그림자 진 잔주름 생기는 중년이 되었겠지

가 보지 않은 길이기에

더 아름다울 것 같아

너를 그토록 사랑했던 나

난 지금

맑은 영혼으로 너를 바라본다

구원의 도를 가르치는 성직자가 되어.

_ 소강석, 〈첫사랑〉

위의 시는 나의 첫 시집 《어젯밤 꿈을 꾸었습니다》에 수록된 시이다. 초기작이기 때문에 함축과 은닉, 낯설게하기와 같은 시적 기교보다는 마음속의 진심을 순수하고 진정성 있게 고백한 시라고 볼 수 있다.

중년의 성직자가 되어 회상하는 고등학생 시절의 풋풋한 첫사랑은 복사꽃 앳된 얼굴로 아련하게 다가온다. 아내에게도 말하지 않은 추억 속에 묻어 둔 사랑이지만 천국까지 가져가고 싶다고 고백한다. 이루지도 못할 사랑이었지만 가 보지 않은 길이기에 더 아름답게 다가온다.

그래서 중년의 성직자가 되어서도 맑은 영혼으로 바라볼 수 있는 첫사랑의 이미지가 완성된다. 이처럼 시는 우리 삶의 소중한 기억을 한 폭의 수채화처럼, 은은한 노래처럼 아름다운 잔상으로 떠오르게 해 준다.

시인 소년이었던 나는 신앙의 성장과 풋풋한 첫사랑이 병행하던 고등학교 3학년 여름수련회 때 불가항력적 소명을 받게 되어 신학교를 가기로 결심했다. 당연히 그림 같던 연정도 자연스레 포기하게 되었고 거부할 수 없는 소명의 길을 갔다. 게다가 유교적 가풍이 강했던 집안에서 예수를 믿고 신학교에 간다고 하자 집안이 완전히 발칵 뒤집혔다. 결국 나는 어느 눈보라가 거세게 치던 겨울날, 모진 매질을 받다가 집에서 쫓겨났다. 산과 들과 냇가를 뛰놀며 순박한 꿈을 꾸었던 황순원의 〈소나기〉 소년이 처절한 꿈과 도전의 광야로 나서는 순간이었다.

고난의 용광로 속에서 온갖 고생을 다 하며 고학으로 신학을 공부하고, 시골 벽촌에 가서 교회를 개척하고, 다시 서울 가락동에 올라와 맨손, 맨발, 맨땅에서 새에덴교회를 개척했다. 신적 소명의 용광로 속으로 들어가면 들어갈수록 나는 오히려 문학과 멀어졌다. 그때는 삶이 너무 처절하여 오직 기도, 오직 전도밖에 몰랐다. 젊은 시절, 그 어느 자매와도 손을 잡아 본 적이 없을 정도로 거친 사명의 들길을 걸었다.

그 광야에서 오히려 내 가슴에 빛나던 시의 별빛은 흐릿해져 갔다. 그러나 내 삶이 문학이었고, 내 삶이 시였다. 광야를 걷는 삶에 축적되어 있는 문학성이 직접적인 글로 발화가 되고 시로 꽃피지는 않았지만, 푸른 청춘의 나날 자체가 시이고 문학이었다. 물론 글을 전혀 쓰지 않은 것은 아니었다. 설교문을 작성하고, 매주 주보에 목회 칼럼을 썼다.

그런데 분당 신도시로 오면서 나의 글도 도시적 감성이 묻어나는 세련된 글로 변모해 갔고, 마음과 언어도 세련되어져 갔다. 그러면서 나도 모르는 사이에 필력이 빛이 나게 되고 이따금 쓰는 시도 시답게 영글어 가기 시작한 것이다. 그때쯤 돌아가신 아동문학가이자 시인이신 김신철 선생님이 나에게 시인으로 등단하라고 권면을 하셨다. 그래서 내 안에 잠들어 있던 문학성을 깨워 다시 시를 쓰기 시작했고, 월간 《문예사조》로 등단하면서 시인의 길을 걷기 시작했다. 그리고 《어젯밤 꿈을 꾸었습니다》라는 첫 시집을 출간한 이후에 13권의 시집을 출간한 중견 시인이 되었다.

물론 첫 시집을 내고 네다섯 권의 시집을 낼 때까지는 너무 부족했고 아쉬움이 많았다. 그렇지만 안주하지 않고 계속해서 노력했다. 내 서재에는 천 권 이상의 시집이 있다. 그리고 그 시를 다 읽었다. 유명한 시인이건 또 무명의 시인이건 그냥 닥치는 대로 읽었다. 시집뿐만 아니라 검색을 해서 내가 모르는 시들을 찾아 읽었다. 그렇게 시를 읽다 보니까 시가 조금씩 성장하기 시작했다. 특별히 정호승 시인님, 김종회 교수님과의 만남이 나의 시 세계를 다시 태어나게 했다.

시 이론과 창작 방법은 나의 저서《영혼의 글쓰기》와 시집 《그대 지친 옷깃을 여미며》,《사막으로 간 꽃밭 여행자》의 해설에 수록된 유승우 교수님의 시론을 참조했음을 밝힌다.

# 2.

# 시의 기원

## 시의 원시성

  사람人은 곧 글文이다. 그래서 사람과 글, 곧 인문人文은 한 몸이다. 인人은 공간에 존재하는 육신의 상형이고, 문文은 보이지 않는 마음의 상형이다. 원래 글을 뜻하는 글월 문文 자는 사람의 몸에 심장을 그려 넣는 모습을 상형한 글자라고 한다. 좀 더 자세히 말하면, 죽은 사람의 가슴에 심장을 그려 넣음으로써 부활을 기원하는 의식의 한 과정이었다고 한다.
  그러니까 글文은 사람의 심장, 곧 마음이다. 그렇다면 공간에 존재하는 육신과 시간 속에 존재하는 영혼도 건강해야만 몸이 좋은 사람이며, 그러한 인간의 이미지가 인문人文이고 시詩인 것이다. 그래서 독일 철학자 마르틴 하이데거는 시를

'존재의 구현'이라고 했다. 그런 맥락에서 볼 때, 시詩란 언어言語의 말語에서 내吾가 죽고 그 자리에 절대적인 공간ち인 신전을 세워 에덴으로 돌아가려는 마음이다. 시의 나라에 대한 동경이나 에덴에 대한 향수가 곧 시이다. 시는 곧 신과 교감할 수 있는 마음의 가교다.

그런 면에서 볼 때, 인간이라는 의식이 성숙하기 이전의 원시 사회에서는 언어 자체가 시이기 때문에 모든 사람이 시인이었다. 원시성의 언어는 다 시라고 할 수 있다. 성경에 나오는 에덴동산에서 아담과 하와가 하나님과 대화한 것은 그 자체가 시라고 볼 수 있다. 원시 언어는 리듬과 은유가 어울린 신비이기 때문이다.

1
너에게 뭘 하겠다는 건 결코 아니었어
그냥 너 자체만으로 좋았던 때
사랑이 꽃 필 무렵이었지
누가 가르쳐 주지 않고
누구의 손길도 미치지 않았지만
스스로 홀씨가 흩날리고 싹이 나고
숲이 생기고 그 안에서 꽃이 피고
그러다가 다시 꽃이 지고 또 피어나고…

2

인생은 짧고 예술은 길다고 했던가
그 예술혼은 세월 속에서 성숙하고
그걸 불태우던 삶은
세월 속에서 사라지고
또 다른 사람에 의해서 또 피어나고 성숙되고
그래도 사라진 삶은 기록이고 역사고
예술의 연속이었는데
그 모든 건 여전히 원시림에 남아 있다


3

도회지의 삶은 처절하다
자신을 위해 집을 짓고 도로를 내고
다리를 놓고 아스팔트를 깔고
공원을 만들고
이젠 너에게 뭔가를 꼭 해 보겠다는 거지
세월이 흐르면 모든 욕망은 먼지가 될 텐데


4

나는 오늘에야 다시 원시림을 찾았다
그냥 너 자체만으로도 좋았던 때

욕망을 버린 사랑, 예술, 만남…
선악이 없는 이곳에서의 모든 행위는 죄가 아니다
그냥 너를 사랑할 뿐이다
비록 나이 먹고 오래되었을지라도.

_ 소강석, 〈원시림〉

  제주도는 나의 마음속에 머나먼, 근원의 고향으로 자리 잡고 있다. 지리산 자락에서 태어나 산을 좋아하는 나이기에 어느 산이든 다 좋지만, 제주도의 자연 휴양림에 가면 무언가 이국에 있는 어머니의 품에 안긴 느낌이 들기 때문이다. 그래서 나는 모처럼 제주도에 가면 옥빛 바다가 펼쳐지는 바닷가도 좋지만 푸른 숲부터 찾는다.
  절물 휴양림, 한라산 휴양림, 사려니 휴양림도 좋지만 내가 다녀본 휴양림 가운데 가장 좋았던 곳은 교래리의 곶자왈이다. 그 환상의 숲속으로 들어가면 노루가 사람에게 경계심도 품지 않은 채 옆에서 풀 뜯는 모습을 볼 수 있다. 언젠가 성대 수술을 마치고 계속 교래리 곶자왈을 걸었다. 곶자왈은 화산이 폭발할 때 돌과 흙이 생기고 바람이 불어 풀씨들이 날려서 풀이 자라고 나중에 나무도 자라 그야말로 인간의 손길이 닿지 않은 원시의 숲을 이룬 것이다.
  그래서 나는 제주도에 갈 때마다 교래리의 원시림을 걷고 또 걷는다. 그래서 마치 그 숲속에서 길을 잃은 사람처럼 끝없이 원시림을 돌고 돌면서 내 인생을 돌아본다. 그런 마음으로 〈원시림〉이라는 시를 썼다.

나에게 있어서 산은 세속으로부터 떠난 순결한 장소의 이미지이고 순백한 신앙의 영역이다. 개인적으로는 마치 내가 믿는 주님의 품과 같은 이미지다. 그런데 그런 원시림에 가면 그곳은 마치 성경에 나오는 에덴동산에 대한 이미지로 형상화된다. 그래서 내 인생의 근원이나 원형을 성찰하지 않을 수 없다. '아, 내가 얼마나 때 묻었는가, 얼마나 속화되었는가, 얼마나 오염되었는가…'

원시림 속에 있으면 마치 선악과를 따 먹기 전의 아담과 하와가 에덴동산에 있는 것처럼 느껴진다. 오죽하면 내가 〈원시림〉이라는 시에서 선악의 욕망을 버린 상태라면 원시림 안에서는, 시적 표현이긴 하지만, 그 어떤 것도 죄가 아니라고 노래하였겠는가.

시를 쓰기 위해서는 절규하고 탄식하며 아우성치는 치열한 약육강식의 경쟁과 증오의 시대 속에서도 마음속에 원시림을 품고 살아야 한다. 자신만의 원시림 속으로 들어가 삶을 돌아보며 신비로운 원형의 세계와 때 묻지 않은 푸른 적막의 언어를 찾아야 한다.

## 시의 예술성

  시는 언어 예술이다. 예술藝術의 예藝 자는 사람이 나무를 심는 모습을 상형한 글자라고 한다. 사람은 열매를 거두기 위해서 나무를 심는다. 여기서 열매는 나무에 맺힌 결실이고, 시는 사람이 지은 열매라는 은유가 성립된다. 그렇다면 예술은 나무에 맺힌 열매처럼 자연스러운 예술 작품을 짓는 기술이란 의미가 된다. 나무에 열매가 열리는 것은 자연이며, 사람이 시를 짓는 것은 인위人爲이다.

  예술은 비록 인위人爲이지만 나무에 열매가 열리듯이 자연스럽게 작품을 창작하는 기술이란 뜻이다. 왜냐하면 인위人爲의 인人 자와 위爲 자를 합하면 거짓 위僞 자가 되기 때문이다. 자연의 열매가 거짓 없는 '생명의 창조'이듯이 예술 작품도 거짓 없는 예술적 진실의 구현이 되어야 한다는 의미이다. 시는 영혼의 꽃이며, 열매이다. 꽃은 식물이 피워 내는 생명의 발화이며, 열매는 그 꽃이 맺은 결실이다.

인간의 영혼은 식물성이라 생명의 꽃을 피우고, 그 결실인 예술 작품이란 열매를 맺는다. 식물성인 영혼은 동물성인 육신처럼 죽어 없어지지 않는다. 육신은 죽으면 움직이지 않고, 영혼은 잠들면 활동하지 않는다. 이 잠든 영혼을 깨워 일으켜 활동하게 하는 것을 흥興이라 하고, 흥의 반대말은 망亡이다. 영혼이 깨어 있는 개인이나 집안이나 국가는 흥하고, 영혼이 잠들면 망할 수밖에 없는 것이다.

공자는 이 진리를 알고 "흥어시 입어례 성어락興於詩 立於禮 成於樂"이라고 했다. 즉, 시에서 영적 감흥感興이 깨어 일어나고, 그 감흥을 예禮라는 형식으로 세우고, 영적 교감이라는 즐거움樂에서 생명이 완성된다는 것이다. 그래서 시적 감흥 속에 사는 시인의 영혼은 육신이 죽은 뒤에도 떠돌이가 되지 않고 시 속에 영원히 살면서 독자와 만난다. 그래서 시인에게는 죽은 이후에도 고故 자를 붙이지 않는다고 한다.

우리는 지금도 김소월, 윤동주, 서정주를 만나고, 심지어 조선 시대의 윤선도와 소세양(조선 전기 형조판서, 호조판서, 병조판서 등을 역임한 문무를 갖춘 인물), 황진이까지 만나서 영적 교감을 할 수 있다. 시는 시인의 영혼이 살고 있는 영혼의 집이기 때문이다. 시인은 길들여지고 학습되는 부분도 있지만 탄생하는 것이다. 그런데 운명적으로 탄생했는가? 그건 아니다. 우리 모두는 다 시적 본성을 가지고 태어났다. 시를 쓰건 안 쓰건 인생은 한 폭의 시다. 그러므로 사람으로 태어나 시를 알고 시를 창작하고 경험하며 산다는 것은 얼마나 아름답고 찬란한 행복인가.

프랑스 작가 막상스 페르민이 쓴 《눈》이라는 소설에 보면 이런 이야기가 나온다. 주인공 유코는 승려인 아버지에게 말한다. "아버지, 저는 시인이 되고 싶습니다." 그러자 마음에 들지 않았던 아버지는 이렇게 말한다. "시는 직업이 아니야. 시간을 흘려보내는 거지. 한 편의 시는 한 편의 흘러가는 물이다. 이 강물처럼 말이야."

그러자 유코가 다시 말했다. "그것이 제가 하고 싶은 겁니다. 시간의 흐름을 바라보는 법을 배우고 싶어요." 아버지가 다시 물었다. "시가 무엇이냐?" 유코가 대답했다. "말로 표현할 수 없는 신비입니다."

결국 아버지는 유코를 만년설로 뒤덮여 있는 산으로 보내며 말한다. "답을 얻으면 돌아와라. 무사가 될 것인지 승려가 될 것인지. 네가 선택해라." 유코는 만년설로 뒤덮인 산으로 향한다. 아들이 다시 하산하였을 때 아버지가 물었다. "유코야, 길을 찾았느냐?" 유코는 대답했다. "그 이상입니다. 아버지, 저는 눈을 찾았습니다."

 그 이후로 유코는 눈의 아름다움을 예찬하는 시를 쓰기 시작한다. 그리고 훗날 하얀빛을 넘어 다양한 빛깔의 채색을 넣은 시들을 쓰면서 비범한 시인의 경지에 오른다. 이 얼마나 아름다운 이야기인가. 우리도 시인이 되기 위해서는 자신만의 만년설에 올라야 한다. 그리고 그곳에서 흰 눈으로 표상되는 예술적 극치를 경험해야 한다.

3.

시의 어원

## 서양학적 어원

시의 역사는 인간의 역사만큼이나 오래되었다고 할 수 있다. 서양에서 시는 라틴어의 포에시스poesis, 즉 '만들다', '창조하다'라는 말에서 유래했다. 그래서 시인을 포에타poeta라고 했다. '만드는 사람', '창작하는 사람'을 말한다. 그러므로 시나 시인은 어원적으로 같은 뜻을 가지고 있다고 할 것이다.

아리스토텔레스는 예술의 본질을 모방으로 인식한 모방 예술론에 입각하여 포에타poeta(창작자)와 미메타mimeta(모방자)를 동일하게 보았다. 플라톤은 침대 비유를 통하여 예술적 모방의 본질을 이야기한다. 침대라는 사물의 이데아를 만든 창조자creator, 실제 침대를 만드는 제작자maker, 그 제작물을 보고 그림을 그리는 화가나 언어로 노래하는 시인, 즉 모방자mimeta가 있다는 것이다. 그러나 근원적으로 진짜 시의 의미와 기원은 성경에 있다고 할 것이다. 신약성경 에베소서 2장 10절에 보면 이런 구절이 나온다.

"우리는 그가 만드신 바라 그리스도 예수 안에서 선한 일을 위하여 지으심을 받은 자니 이 일은 하나님이 전에 예비하사 우리로 그 가운데서 행하게 하려 하심이니라." (엡 2:10)

여기 보면, "우리는 그가 만드신 바"라고 했다. 이것이 원어로 '포이에마ποίημα'라고 기록되어 있는데, 이 말에서 '포엠poem'이라는 말이 나왔다. 그러니까 하나님께서 나를 나만의 위대한 명시, 즉 나만의 걸작품masterpiece으로 만드셨다는 것이다. 그런 의미에서 인생은 한 편의 명시다. 그러므로 사람은 누구나 시를 쓰건 안 쓰건 본성적으로 시적 감성을 갖고 있다. 얼마나 잘 쓰느냐 못 쓰느냐, 얼마나 많이 쓰느냐 적게 쓰느냐의 차이일 뿐이다.

예수님이 가르치신 산상보훈을 보면 마음이 청결한 자가 하나님을 볼 것이라고 했는데(마 5:8), 교회사의 유명한 교부였던 닛사의 그레고리는 이 청결한 마음이란 에덴동산에서 창조되었을 때의 본래의 마음을 회복하는 것이라고 했다. 그 마음을 회복하면 자연과 교감하게 될 뿐만 아니라 저절로 아름다운 시가 나오고 음악이 나오며 천재적 예술성을 발휘하는 영감을 얻게 된다는 것이다. 시는 순수한 마음이 있을 때 쏠 수 있다는 셈이다.

## 동양학적 어원

고대 동양 사람들은 시를 언어 예술이기 이전에 신전에 임한 신의 이야기로 이해했다. 그래서 한자로 '시詩'라는 글자는 말씀 언言 변에 절 사寺 자가 합해져 이루어진 것이다. 그런데 '寺'는 '절 사'로 주로 쓰이지만 원래 '관청 시'였다. 그 관청은 왕과 재상들이 백성을 다스렸던 곳이다.

그때는 땅의 왕을 하제라고 부르고 하늘의 왕을 상제라고 불렀다. 그리고 땅에서 통치하는 하제는 하늘의 상제의 말씀을 잘 받들어서 다스려야 한다고 생각했다. 그런데 이 땅의 하제가 하늘의 상제의 말씀을 받은 것을 바로 '시'라고 표현했다. 그러니까 시의 원래 뜻은 상제의 말씀을 모시는 신전,

곧 기독교적으로 표현하면 하나님의 말씀을 모시는 성전이었다.

그런데 후대에 와서 왕들이 마음에 욕심의 때가 끼고 우둔해져서 권력욕으로 가득해졌다. 그러다 보니 하늘의 뜻을 분별하지 못한 것이다. 그래서 육신의 욕망으로 백성을 다스리거나 사교와 사술로 백성을 통치하며 권력을 농단하기 시작했다. 바로 그때 신탁을 받아 왕에게 하늘의 뜻을 전달하고 하나님의 말씀을 잘 가르쳐 주는 사람이 생겨나게 되었으니, 그가 바로 시인詩人이었다는 것이다.

다시 말하면 왕이 하나님의 말씀이나 뜻대로 통치하고 정치하도록 가르쳐 주고 견제해 주는 사람이 시인이었다는 것이다. 따라서 시인의 가슴에는 하나님의 말씀을 받고 모실 수 있는 신전이 있어야 했다. 그러므로 고대에 시인들은 하늘의 뜻을 전하는 예언자 역할을 하며 하늘과 땅의 가교 역할을 하는 제사장이었다. 이런 사상은 고대 그리스에서도 마찬가지였다. 그런 의미에서 오늘날도 시인은 시를 쓰기 위해서 자신의 욕망의 겉옷을 다 벗어 버려야 한다.

그리고 시에는 시대혼이 담겨 있어야 하고 시대 가교적 메시지도 있어야 한다. 다음에서도 언급하겠지만 이상화의 〈빼앗긴 들에도 봄은 오는가〉, 홍난파의 가곡 〈봉선화〉 등이 그 예라고 할 것이다.

# 4.

# 시의 본성, 그리움과 사랑

## 시인의 편지가 연결해 준 사랑

내가 초등학교를 다닐 때 큰형님은 나에게 호랑이 같은 존재였다. 큰형님에게 편지를 쓸 때, 사감이 분수보다도 더 높게 치솟아 어찌 감히 큰형님의 이름을 호명할 수 없었다. 그러나 어머니를 대신해서 쓴 편지에서는 얼마든지 호명할 수 있었다. "사랑하는 큰아들, 영석아. 군대 생활은 잘하고 있느냐? 이 어미는 간이 저리도록 부디 네가 몸 건강히 군 생활 잘하기를 바란다…." 이렇게 편지를 써서 어머니에게 읽어 드리면 어머니는 어느새 눈물을 흘리고 계셨다. "어쩌면 그렇게 내 마음에 쏙쏙 들어오게 편지를 잘 쓰느냐."

나는 21살에 광주신학교를 다니면서 화순 백암교회를 개척했다. 이웃 마을까지 합쳐서 300호나 되는 마을에 교회가 없었다. 그런 곳에 가서 불타는 꿈과 소명감으로 온몸을 던져서 목회를 하자 교회가 점점 부흥하기 시작했다. 그러자 점점 마을 사람들의 저항의 바람이 불기 시작했다. 그리고 그 바람은 무서운 핍박의 태풍이 되어 나를 삼키려고 했다.

조그만 젊은 전도사 한 명이 들어와 동네 사람들을 꾀어 조상 제사를 못 지내게 하고 부락 전통을 못 지키게 한다는 것이 이유였다. 그리고 동네 한가운데에 교회를 지으면 그 마을의 복이 떠난다는 것이었다. 그래서 백암리 부락 유지들은 교회에 대한 비상 대책을 세우고, 교회를 나간 자는 벌금 1만 원, 이를 신고한 자는 상금 6,000원, 교인 집에 가서 일해 준 사람도 벌금 1만 원, 게다가 만일 교회에 땅을 파는 사람은 아예 그 부락에서 추방한다는, 이른바 부락 자치법을 만들었다.

그뿐만 아니라 부락 청년들은 밤마다 교회에 와서 오물을 뿌리고 갔으며, 천막 교회에 화약을 던져 구멍을 뚫어 놓았을 뿐 아니라 차임벨 줄까지 끊어 버렸다. 어떤 때는 남녀노소 100명, 200명이 술을 먹고 와서 나의 멱살을 잡고 얼굴에 가래침을 뱉으며 행패를 부렸고, 부락의 반상회는 교회 몰아내기 반상회였다. 게다가 윗마을에는 점쟁이, 아랫마을에는 승려를 데려다 놓고 나를 쫓아내려고 했다.

그런 핍박과 박해 속에서도 교회를 나오시는 분들이 많았다. 나는 아들, 딸을 서울로 보내 놓고 근심, 걱정에 빠져 있는 분들을 찾아가서 편지 쓰는 일을 도맡아 했다. 편지야 어릴 때부터 많이 써서 온통 자식 걱정에 빠져 있는 어머니들의 마음을 익히 알았고, 그 상황에 맞는 편지를 리얼하게 써 주었던 것이다. 자식을 사랑하는 어머니의 그리움을 촉발시켜서 편지를 써 주고 읽어 드리면 모두가 감탄했다.

"전도사님! 어쩌면 그렇게 마음에 쏙쏙 들어오게 편지를 잘 써 주셔 분다요잉?" 그리고 답장이 오면 내가 가서 읽어 주었다. 그렇게 해서 그분들이 나중에 교회로 나오게 된 것이다. 내가 쓴 편지는 아들과 어머니, 딸과 어머니 사이의 그리움과 사랑을 서로 연결해 주었던 것이다.

# 실낙원 이후의 향수

비교신화학자 조지프 캠벨은 "에덴동산은 시간에 무지한, 대극에 무지한, 말하자면 더할 나위 없이 순진무구한 상태의 메타포"라고 했다. 그러니까 에덴동산의 주인공이었던 아담과 하와는 시간도 인식하지 못했으며, 너와 나라는 대극도 인식하지 못했던 순진무구 그 자체였던 것이다. 이러한 에덴동산을 신화학에서는 원형原型, archetype이라 하고, 기독교에서는 본향이라고 한다.

그런데 아담과 하와가 범죄함으로써 이 본향에서 쫓겨났고, 인간은 그 원형을 상실하게 되었다. 하이데거는 원형을 상실한 인간 존재의 본질적 구조를 '걱정sorge'이라고 표현했다. 이 '걱정'이라고 표현한 인간 존재의 본질이란 무엇을 의미하는 것일까? 인간이 세상에 태어나면 하나님의 백성으로 존재하는 것이 필수인데, 인간이 그에게 주어진 자유 의지를 선택으로 착각하고 하나님이 아닌 다른 것을 임금主로 선택한 결과 발생한 인간 존재의 본질이 곧 '걱정'이라는 것이다.

하나님을 떠난 죄인은 언제나 걱정 속에서 불안하게 산다. 이 '걱정'을 기독교적으로 표현하면 하나님에 대한 향수이고, 문학적으로 표현하면 상실한 원형에 대한 향수이다. 그러므로 걱정과 향수는 곧 인간 존재의 본질이다. 그래서 하나님은 언어와 상상력을 우리 인간에게 주셨던 것이다. 상상력想像力을 직역하면 어떤 모습像을 생각想하는 힘力이며, 우리말로는 그리는 힘이다.

상상력 이론가인 새뮤얼 테일러 콜리지는 "인간의 원형인 하나님의 형상image을 그리는 힘이 곧 상상력imagination"이라고 했다. 인간은 없는 것을 그리게 된다. 고향을 떠났을 때 고향을 그리고, 에덴동산에서 쫓겨났기 때문에 에덴동산을 그리는 것이며, 인간의 원형인 하나님의 형상을 잃었기 때문에 하나님을 그리는 것이다. 명절 때 그 많은 인파가 고향에 가는 것도 고향에 대한 향수 때문이다.

나의 살던 고향은 꽃피는 산골

복숭아꽃 살구꽃 아기 진달래

울긋불긋 꽃 대궐 차린 동네

그 속에서 놀던 때가 그립습니다

_ 동요 〈고향의 봄〉(이원수 작사, 홍난파 작곡) 중에서

이는 어찌 고향에 대한 향수뿐이겠는가? 원형, 근원에 대한 향수도 있을 것이다. 나는 하나님의 은혜로 평양 봉수교회에 가서 여러 차례 설교해 봤다. 사실 평양에 가서 설교한다는 것이 얼마나 낯설고 어색한 일이겠는가? 그렇지만 그 긴장된 분위기를 깨기 위해 나는 하모니카를 들고 가서 설교를 시작하며 〈고향의 봄〉을 연주했다. 그랬더니 그 어색하고 낯선 분위기가 사라지고 짜고 치기나 한 것처럼 우렁찬 박수와 함성 소리가 터져 나왔다. '남쪽이나 북쪽이나 고향에 대한 향수, 인간의 원형과 근원에 대한 향수는 동일하구나…' 하고 생각했다.

## 시, 원형에 대한 그리움과 사랑

히브리서 11장 1절에는 "믿음은 바라는 것들의 실상이요 보지 못하는 것들의 증거니"라고 했다. 종교적으로는 바라는 것이지만 문학적으로는 그리는 것이다. 그리고 마음속으로 바라는 것이나 그리는 것이 그리움이며, 그리움은 곧 사랑이다. 그러므로 시는 본성적으로 잃어버린 원형에 대한 그리움과 사랑이다.

엄마야 누나야 강변 살자
뜰에는 반짝이는 금모래 빛
뒷문 밖에는 갈잎의 노래

엄마야 누나야 강변 살자

_ 김소월, 〈엄마야 누나야〉

이어령 교수님의 평론에 의하면, 위의 시에서 '강변'은 남성적 공간이 아니라 여성적 공간이다. 그래서 소월은 여성적 공간인 따뜻한 강변, 즉 자연과 생명이 흘러넘치는 강변이라는 공간에서 포근한 삶을 느끼고 누려 보겠다는 것이다. 만약에 "아빠야, 형님아, 강변 살자"라고 하면 얼마나 어색하겠는가?

이처럼 소월의 시에는 우리 모든 현대인이 추구하고 갈망하는 원초적 생명 공간과 삶의 근원이 그려져 있다. 그리고 삶의 원형의 세계를 갈구하고 있는 것을 볼 수 있다. 다시 말하면, 실존적이고 영원한 세계를 갈망하는 토포필리아 topophilia를 느끼게 해 준다. 우리 인간에게는 토포필리아적 본능이 있기 때문이다.

여기서 '토포필리아'는 장소를 뜻하는 그리스어 'topos'와 사랑을 의미하는 'philia'가 합쳐진 말이다. 그러니까 토포필리아는 특정 장소에 대한 정서적 사랑, 유대감을 말한다. 그런 의미에서 시는 본성적으로 그리움과 사랑의 원형을 찾아 떠날 수밖에 없다.

하늘나라로 먼저 떠난 아내를 그리워하고 사모하는 마음

을 담은 도종환의 시집 《접시꽃 당신》은 서정윤의 《홀로서기》와 함께 300만 부 이상 팔리며 대한민국 역사상 가장 많이 팔린 시집이라고 한다. 그만큼 사람들은 본성적으로 그리움과 사랑의 감정을 향한 향수가 있다.

도종환 시인은 아내를 잃고 나서 퇴근길이면 언제나 아내의 무덤을 들렀다 오곤 했다. 그리고 아내의 무덤 앞에서 흐르는 눈물을 닦으며 쓴 시들이 많았다. 그의 시 〈옥수수밭 옆에 당신을 묻고〉에 보면, 아내의 무덤 앞에서 "살아평생 당신께 옷 한 벌 못 해 주고 / 당신 죽어 처음으로 베옷 한 벌 해 입혔네…"라면서 무덤 앞에서 울었다고 한다.

이처럼 시는 사무치는 사랑과 그리움을 바탕으로 하여 세상에 나온다. 사별한 아내를 향한 도종환 시인의 짙은 사랑과 그리움이 수많은 독자의 가슴을 울리며 많은 사랑을 받은 것이다. 그리움과 사랑을 노래한 대표적인 시 중에 황지우의 〈너를 기다리는 동안〉도 절창 중의 하나로 많은 사람의 사랑을 받고 있다.

이 시의 시적 화자는 얼마나 기다림이 간절했으면 기다려야 하는데 기다리지 못하고 네가 오기로 한 그 자리, 만나기로 약속한 장소에 미리 간다. 그곳에서 너를 기다리는 동안 다가오는 모든 발자국은 가슴에 쿵쿵 울린다. 그리고 문이 열릴 때마다 너였다가, 너일 것이었다가, 그러다가 문이 닫

힌다. 이 얼마나 간절한 기다림의 미학을 보여 주는 시인가.

독일의 신학자 겸 철학자인 폴 틸리히는 인간은 기다림의 존재라고 했다. 왜 인간은 기다림의 존재이며, 왜 기다림의 존재로 살아가야 하는가. 인간은 현실이라는 상황에 갇혀 있고 지금이라는 삶의 공간에 갇혀 있기 때문이다. 현실에 갇혀 미래를 예측하지 못하니까 어쩔 수 없이 기다리고 사는 것이다.

지는 저녁 해를 바라보며
오늘도 그대를 사랑하였습니다.
날 저문 하늘에 별들은 보이지 않고
잠든 세상 밖으로 새벽달 빈 길에 뜨면
사랑과 어둠의 바닷가에 나가
저무는 섬 하나 떠올리며 울었습니다.
외로운 사람들은 어디론가 사라져서
해마다 첫눈으로 내리고
새벽보다 깊은 새벽 섬 기슭에 앉아
오늘도 그대를 사랑하는 일보다
기다리는 일이 더 행복하였습니다.
_ 정호승, 〈또 기다리는 편지〉

위의 시는 아날로그적 기다림의 미학을 보여 주는 시다. 옛날 정겨운 두부 장수, 타이탄 트럭을 몰고 다니는 야채 장수, 펜팔 편지를 전해 주는 우체부 아저씨를 기다리던 광경을 기억하는가. 이처럼 사람들은 무언가를 기다리며 사는 존재다. 그런데 요즘은 기다림이 사라져 가는 시대다. SNS, 톡, 전화기가 있어서 기다리는 시간을 허락해 주지 않는다.

 그러나 시 속에는 그리움과 사랑이 머물고 기다림이 있다. 떠오르는 해가 아니라 지는 해를 바라보며 그대를 사랑한다고 고백한다. 별들도 보이지 않고 새벽달 빈 길에 뜨면 사랑과 어둠의 바닷가에 나가 저무는 섬 하나 떠올리며 울었다는 것이다. 얼마나 그리워했으면 그대를 사랑하는 일보다 기다리는 일이 더 행복했다고 표현했겠는가.

 이처럼 인간 내면의 가장 밑바닥에 잠겨 있는 그리움과 사랑이 시의 본성을 깨어나게 한다. 그리고 그 사랑과 그리움의 감정이 어우러져 낯선 이미지와 상상, 은유와 상징, 운율과 함축의 언어로 생성되는 과정이 시의 시작이다. 문정희의 〈한계령을 위한 연가〉 역시 사랑과 그리움의 감성을 하얀 설원의 풍경 속에 담은 시다.

 시적 화자는 한겨울 못 잊을 사람과 한계령쯤을 넘어가다가 뜻밖의 폭설에 갇히고 싶다고 고백한다. 뉴스에서 폭설을 알리고 자동차들이 뒤뚱거리며 법석이지만, 오히려 한계령에서 눈부신 고립을 원한다. 그것은 발이 아니라 운명이 묶였으면 하는 시적 화자의 그리움과 사랑의 염원이다.

폭설의 현실이 공포로 변하고 두려움의 색채가 드리우기 시작하며 헬리콥터가 나타났을 때도 결코 손을 흔들지는 않고 옷자락도 보이지 않겠다고 노래한다. 이 얼마나 가슴 시리고 온몸이 떨리도록 눈부시고 아름다운 고립인가. 사랑과 그리움을 어떻게 이렇게까지 표현할 수 있겠는가? 누구나 동의하는 사랑의 목마름을 이상적으로 표현한 시다.

사람들은 누구나 가슴에 쑥 캐는 소녀 한 명
가슴에 품고 산다
살아야 한다는 것 때문에
너무 힘들어 잊고 살아서 그렇지
아지랑이 피어오르는 봄 언덕
풀밭에 엎드려
쑥 캐는 소녀를 훔쳐보는 소년이 있다
푸른 하늘을 담은 눈동자
풀피리 부는 입술로
소녀의 이름을 나지막이 부르며
무엇이 그리 좋은지
너른 바위에 앉아

웃고 있는 소년이 있다.
_ 소강석, 〈쑥 캐는 소녀〉

  봄이 오면 머릿속에 떠오르는 하나의 그리운 풍경이 있다. 초등학교 시절 내가 좋아했던 소녀가 쑥을 캐던 모습이다. 봄이면 화사한 옷을 입곤 하던 그 아이의 모습이 너무 예뻤다. 하지만 좋아한다는 말을 차마 하지 못했다.
  우리 마을 뒷동산을 넘으면 냇가가 하나 있는데 소녀는 냇가 건너편 마을에 살았다. 하루는 우리 동네 한 친구가 쑥을 캐러 간다고 해서 따라가 보니 그 소녀가 쑥을 캐고 있었다. 그 모습을 훔쳐보면서 내 가슴이 쿵쾅거리기 시작했다.
  그것이 사랑이었을까, 그저 막연한 동심의 연모였을까. 지금 생각해 보면 황순원의 〈소나기〉에 나오는 소년과 같은 순정이 아니었을까 싶다. 그날 밤, 쑥 캐는 소녀의 모습이 머릿속에 필름처럼 장착되어 떠나지를 않았다. 내 가슴에 사랑의 씨가 싹트면서 밤새 뒤척이며 그 아이를 위해 무엇을 해 줄 수 있을지, 도와줘야 할 일은 없는지 생각했다.
  그런데 그 애를 괴롭히는 아이는 없었다. 공부도 제법 잘했고 인기도 좋아 모든 친구와 사이좋게 지냈다. 내가 할 수 있는 일이 없다는 사실이 못내 아쉬웠다. 얼마 후, 시험을 보았다. 그런데 그 아이가 시험을 망쳐서 1등을 못 했다고 울고 있는 것이 아닌가.

나는 그 소녀를 보며 '다음 시험에는 일부러 몇 문제를 틀려서 그 아이에게 1등을 양보해 줘야지' 하고 다짐했다. 그런데 내가 소녀를 위해 다음 시험을 일부러 망쳤는데도 다른 아이가 시험을 잘 보아서 그 소녀가 또 1등을 놓치고 말았다. 예상치 못했던 일이 벌어져 그 소녀보다 내가 더 속상하고 분했다.

몇 년 뒤 중학교에 들어갔다. 그때 남자아이들은 자전거를 타고 학교를 다녔지만 여자애들은 버스를 타거나 걸어 다녔다. 나는 외향적이고 사교적인 성격이었는데도, 영어 단어를 외우고 다니는 그 여학생에게 말 한마디도 건네지 못했다.

세월은 강물처럼 흐르고 나도 어느덧 중년을 넘긴 목회자가 되었다. 그래도 봄이 오면 아직도 쑥 캐는 소녀의 그리운 풍경이 머릿속에 가시지 않는다. 벌써 몇 수십 년 전 일이 되었고, 지금은 그 소녀가 어디서 어떻게 사는지 전혀 모른다. 이젠 빛바랜 흑백 사진처럼 오래된 기억이지만, 마음속에는 나만의 순수한 추억이 수채화처럼 그려져 있다.

〈쑥 캐는 소녀〉는 나의 마음 깊은 곳 그리움의 순정이 발화하여 쓴 시다. 나는 진리를 전하고 올곧게 살라고 설교하는 목사이다. 누구보다 성스러운 삶을 살아야 할 뿐만 아니라 지켜야 할 윤리나 도덕의 울타리가 있다. 그러나 내 안의 시심의 날개가 사랑과 그리움을 싣고 시간을 역류하고 공간을 초월할 때가 있다.

  비록 빛바랜 추억의 앨범 같은 것일지라도 그것이 우리의 마음속에서 소중한 추억과 그리움으로 남아 있을 때 시는 발화하게 된다. 〈쑥 캐는 소녀〉는 회색 도시의 경쟁과 분노, 야욕과 망상을 떠나 오직 애틋한 사랑으로만 가득하던 그 눈부셨던 4월의 봄 길을 걷게 한다.

# 5.

# 시의 정의

시인 T. S. 엘리엇은 "시에 대한 정의의 역사는 오류의 역사"라고 말했다. 그만큼 시를 정의하는 것은 어렵다. 당대의 역사와 문화적 상황, 시인의 주관적 시각에 따라 시에 대한 정의는 다르게 나타날 수 있다. 그러므로 시에 대한 절대적인 정의를 내리기보다는 개별적·상대적인 정의 속에 담긴 견해를 포괄적으로 이해하는 것이 타당하다. 그리고 역대 시인들의 시에 대한 정의를 살펴보는 것만으로도 시를 이해하는 데 큰 도움이 된다.

## 시에 대한 일반적 정의들


시는 운율적 언어에 의한 모방이다. (아리스토텔레스)

시인의 소원은 가르치는 일, 또는 기쁨을 주는 일, 또는 그 둘을 아울러 하는 일. (호라티우스)

시는 체험이다. (라이너 마리아 릴케)

시는 언어의 건축물이다. (마르틴 하이데거)

시의 목적은 진리나 도덕을 노래하는 것이 아니다. 시는

다만 시를 위한 표현이다. (샤를 보들레르)

가는 곳마다 나보다 한발 먼저 다녀간 시인이 있음을 발견한다. (지크문트 프로이트)

시는 말하는 그림이다. (필립 시드니)

시를 가지지 못하는 사람의 생활은 사막의 생활이다. (조지 메러디스)

시 속에 그림이 있고, 그림 속에 시가 있다. (소동파)

시란 정情을 뿌리로 하고 말을 싹으로 하며, 소리를 꽃으로 하고 의미를 열매로 한다. (백거이)

시인이 창작한 제2의 자연이 시다. (조지훈)

시 또한 짙은 안개가 아닌가. 답이 없는 세계, 답이 있을 수 없는 세계, 그 안개 같은 실재를 지금 더듬고 있는 거다. (조병화)

## 문학적 귀족주의 관점에서 본 시의 정의

 시의 정의를 하는 데 있어서 '누구나 다 시인이 될 수 있다'는 견해가 있다. 물론 시의 본질적 속성인 마음의 진심과 감동을 언어로 전달한다는 측면에서는 타당한 말이다. 그러나 이 말 속에는 자칫 애달픈 사랑이나 애환, 내면의 들뜬 감정을 여러 미사여구를 사용하여 산문적으로 서술하는 것을 시로 착각할 수 있는 함정이 있다.
 가령 목회자의 시 같은 경우에, 내면의 감정이나 헌신의 마음을 신앙 고백 형식으로 산문적 서술을 하는 경우가 있다. 물론 이것도 시가 될 수 있다. 그러나 이러한 시들은 새로운 것이 없고 너무 익숙한 상투적 시, 남들이 이미 써 버린

퇴화적 시, 시의 새로움과 창조가 전혀 없는 죽은 시가 될 수 있다.

그래서 국문학 교수들이나 일반 문인들이 목회자들의 시를 시로 보지 않는 경우가 많다. 일반 시단에서는 목회자들의 시를 아예 종교시나 목양시로 분류해 버린다. 그런 측면에서 시의 문학적 귀족성을 살펴볼 필요가 있다. 이 말은 황지우 시인의 주장으로서, 신분과 계급으로서의 귀족주의가 아니라 오직 순수한 사상과 정신, 세속적 사회의 항체로서의 문학적 귀족성을 잃지 않아야 한다는 것이다. 그의 말을 인용해 본다.

"이 세상에 아름다움과 진실이 존재한다는 것을 알게 해 주기 위해서만 있을 필요가 있는, 신분 없는, 다만 정신일 뿐인 귀족주의! 나는 그것이 문학의 길이라고 생각하게 되었다. 시장에 대한 강력한 항체로서 문학의 귀족성을 나는 요청하고 싶다."

한마디로 산문적 고백시, 흔한 기도 같은 시를 쓰지 말자는 말이다. 시는 누구나 쓸 수 있다. 그럼에도 불구하고 시의 문학적 귀족성은 지켜져야 한다. 그럴 때 시는 시로서의 가치와 감동을 간직할 수 있다. 그런 면에서 시인이 되고자 한다면 서정주 시인을 어떤 식으로든 극복해야 한다. 서정주의 시를 모르고는 시를 안다고 할 수가 없다. 물론 그가 친일 행적이 있긴 하지만 문학적 가치로 볼 때는 정말 최고의 거봉이라고 할 수 있다.

꽃 시인으로 유명한 김춘수 시인은 일본 제국주의를 비판하고 반일 운동을 하다가 감옥까지 가신 분이다. 귀국하고도 얼마나 일본 형사들에게 감시를 받았는지 모른다. 그래서 그는 대학에서 강의할 때 '일본인'이라고 한 적이 없고 '일본놈들'이라고 했다고 한다. 반면에 서정주 시인은 친일파로 알려져 있다. 그러나 김춘수 시인은 절대로 서정주 시인을 비판한 적이 없었다고 한다.

나는 김춘수 시인에게 강의를 들은 적은 없지만, 나와 아주 절친인 김삼환 목사님(여의도순복음김포교회)이 김춘수 시인에게 이런 강의를 들었다고 이야기해 주었다. 김춘수 시인에 의하면, 서정주 시인의 문학성이 너무 높았고 자기로서는 따라가려야 따라갈 수가 없었다는 것이다. 그는 강의할 때마다 서정주 시인이 쓴 〈귀촉도〉를 읊어 주며 이렇게 경탄했다고 한다. "어쩌면 이렇게 시를 잘 쓰는가. 비록 그가 친일파였지만 그의 문학성은 어느 누구도 따라갈 수 없다."

서정주의 〈귀촉도〉는 저절로 감탄이 나오는 놀라운 시다. 그러니까 김춘수 시인도 비판을 못 하고 창의적 비평을 한 것이다. 귀촉도歸蜀途는 촉나라로 돌아가는 길이라는 뜻으로,

중국 촉나라의 망제가 나라에서 쫓겨난 후 돌아가지 못하고 촉나라를 그리워하다 죽어서 두견새가 되었다는 설화를 배경으로 한다. 그래서 한과 그리움의 정서가 슬픔의 서정으로 나타나 있다. 임과의 사별을 "다시 오진 못하는 파촉 삼만 리"로 표현하며 이별의 정한을 이미지화했다.

파촉巴蜀은 중국 촉나라 지방으로, 다시 만날 수 없는 임과의 거리감을 보여 준다. 시적 화자는 은장도로 머리카락을 잘라서 신이라도 엮어 드릴걸이라고 후회하는 탄식을 쏟아 낸다. 육날 메투리(삼으로 엮어 만든 신)나 은장도는 임에 대한 사랑을 보여 주는 이미지라고 할 수 있다. 사랑하는 임의 죽음을 귀촉도라는 새를 통하여 다시는 만날 수 없고 무엇도 해 줄 수 없는 안타까운 슬픔의 서정으로 노래한 절창絶唱이다.

## 내가 생각하는 시의 정의

 시는 먼저 깊은 시심을 갖고 이미 사랑을 갖고 있어야 하지만, 다른 사람들이 보지 못하는 것을 새롭게 보고, 찾지 못하는 것을 찾고, 남이 느끼지 못하는 것을 느끼며, 감추어진 시적·창의적 생명 언어를 조합하여 은유적(상징성)이며 함축적이고 아주 낯설게 표현하는 글이라고 생각한다. 그런데 이 시심의 바탕에는 하늘과 땅, 자연과 인간, 그리고 신에 대한 사랑이 있어야 한다. 그 사랑의 눈과 마음이 모든 걸 새롭게 보고 느끼게 한다.
 그러므로 사랑하는 마음이 있어야 시를 쓸 수 있다. 하나님과 인간, 자연을 향한 사랑이 있을 때 시가 솟아난다. 그러므로 시는 사랑이라고 정의하고 싶다. 그렇다고 순수한 문학적 감성만으로 시가 완성되는 것은 아니다. 시는 인간과 자연과 하나님에 대한 사상과 감정, 영감을 운율이 있는 언어로 압축하여 표현하는 문학이다. 그런 측면에서 시는 문학적 귀족성을 요구한다고 볼 수 있다.

물론 나도 목회자이기 때문에 시가 고백적이고 설교적인 요소가 이따금 있었다는 것을 인정한다. 그래서 더욱더 시를 연구하고 습작을 지속했다. 그리고 끊임없이 새로운 시들을 써 보려고 노력했다. 그렇게 해서 결국 전문 출판사의 문턱을 넘어 출간하게 된 책이 바로 샘터에서 출간한《꽃씨》라는 시집이다.

샘터는 우리나라에서 가장 전통이 있는 출판사 중의 하나로 그동안 이해인, 법정 등과 같은 작가들의 책을 출간한 곳이다. 그런데 목회자로서는 최초로 나의 시집이 출간되었다. 샘터 역사상 유일하다는 것이다. 출간 이후에도 독자들의 많은 사랑을 받아서 교보문고와 영풍문고에서 베스트셀러 시집으로 선정되었을 뿐만 아니라 5~6주 동안 시 분야에서 1위를 기록하며 큰 반향을 일으켰다.

그 이후로도 계속 시집을 출간하여《어느 모자의 초상》으로 천상병귀천문학대상을,《다시, 별 헤는 밤》으로 윤동주문학상을,《너라는 계절이 내게 왔다》로 황순원문학상을 수상하게 되었다. 나도 나만의 시 세계에 안주했다면 오늘날의 시의 발전을 이룰 수 없었을 것이다. 그런 측면에서 단순히 시를 사랑하는 애호가의 단계를 넘어 예술적 시를 창작하는 진정한 시인이 되고자 한다면, 더욱더 치열한 시 연구와 고도의 습작 훈련, 다독多讀과 다상량多商量을 통해서 시 창작을 해야 한다.

6.

시의 동력,
애절함과
간절함

시를 쓰려면 애절함, 간절함이 있어야 한다. 왜냐하면 시는 머리로 생각해서 억지로 쓸 수 있는 것이 아니라 대부분 시상이 찾아와야 쓸 수 있다. 이렇게 찾아온 시는 나에게, 혹 누군가에게, 아니면 시대를 향해 서정적·이상적·예언적 메시지를 줄 수 있다. 그건 시인에게 축복이다.

그러나 대부분은 하늘에서 내리고 받는 것이 많다. 물론 시들이 삶의 순간순간마다 우리에게 찾아오려고 한다. 그런데 우리의 문예적 눈이 닫혀 있고 시심과 상상력이 닫혀 있으니 발견하지 못한다. 지금도 시는 어느 곳에서 기다리고 있을 것이다. 그래서 우리에겐 간절함이 필요하다. 그 간절한 마음으로 먼저 시집을 많이 읽어야 한다. 시의 간절함을 담은 〈두 마리 새〉라는 시를 소개한다.

> 늦은 밤까지 시가 오지 않는 날은
> 한 마리 진홍가슴새가 되어 가시나무 숲으로 날아간다
> 명 시인들의 시집을 봐도
> 도무지 시는 찾아오질 않고
> 대신 붉은 코피만 쏟아져
> 하얀 종이 위에 핏방울을 떨어뜨렸더니
> 마침내 시가 되었던 거야
> 그리고 아침에 일어나 보니
> 내가 진홍가슴새가 되어 있었어
> 아, 가슴 시린 잔인한 밤이여
> 그러나 햇빛보다 더 황홀한 아침.
> _ 소강석, 〈두 마리 새〉

여성 최초로 노벨 문학상을 받은 스웨덴 작가 셀마 라겔뢰프가 쓴 《진홍가슴새》라는 동화가 있다. 위의 시도 진홍가슴새를 생각하며 쓴 시다. 옛날 하나님께서 세상 만물을 지으실 때 저녁 무렵이 되어서 잿빛 털을 가진 조그마한 새 한 마리를 만드셨다. 그러고는 진홍가슴새라는 이름을 붙여 주셨

다. 그런데 이 새가 하나님께 여쭈었다. "하나님, 저는 온통 잿빛 털을 가지고 있는데 어찌하여 진홍가슴새라는 이름을 붙여 주셨습니까?" 그러자 하나님께서 대답하셨다. "네가 진정한 사랑을 베풀 수 있게 될 때 진홍가슴새라는 이름에 합당한 깃털을 갖게 될 것이다."

그 후로 오랜 세월이 흘렀다. 그리고 어느 날 진홍가슴새 둥지 근처 언덕에 십자가가 세워졌고 십자가 위에 한 사람이 매달려 있었다. 이 광경을 보던 진홍가슴새는 그 십자가에 달린 사람에게로 훨훨 날아갔다. 가까이 가서 보니까 그 사람의 이마에는 가시 면류관이 씌워져 있어서 가시가 박힌 상처에서 검붉은 피가 솟아나고 있었다. 그래서 새는 자신의 자그마한 부리로 가시를 하나씩 뽑아내기 시작했다. 그 가시가 뽑힐 때마다 피가 솟아나서 이 작은 새는 온통 피투성이가 되고 말았다.

그런데 희한하게도 나중에 자기 몸에 묻은 피를 아무리 씻어도 지워지지 않았고, 그 새의 목덜미와 가슴에는 선명한 핏자국이 남게 되었다. 그리고 그 새가 낳는 새끼들까지 모두 목덜미와 가슴에 선명한 진홍빛 털이 생기게 되었다. 결국 이 새는 하나님께서 지어 주신 이름대로 진짜 진홍가슴새가 된 것이다. 이 땅에는 두 종류의 사람이 있다. 하나는 딱따구리처럼 남을 물어뜯으며 희열을 느끼는 사람이고, 또 하나는 남의 가시를 빼 주면서 고통을 당하는 사람이다. 그런데 시인은 진홍가슴새처럼 자신이 고통받더라도 어떻게든지 남의 가시를 빼 주고 상처를 어루만져 주는 사람이다. 그런 고통과 애절함 속에서 시가 찾아오는 것이다.

> 수술실에서 나와 눈을 떴을 때
> 세상의 모든 풍경이 달라졌다
> 길가에 피어난 꽃 한 송이도
> 하늘을 나는 새도
> 아침 창가의 햇살과
> 오후의 산들바람과
> 저녁의 별빛도 전혀…
> 살아 있기에
> 상처받고 아프고 흔들리고
> 심장이 뛰고 있기에
> 사랑하고 이별하고 그리워하며
> 눈을 뜰 수 있기에
> 바라보고 느끼고 기록한다는 것을
> 시를 쓰는 지금 이 순간도
> 내 인생에 다시는 오지 않을 기적이라는 것을.
> _ 소강석, 〈시를 쓴다는 것은〉

나는 두 번의 성대 결절 수술을 받았다. 차가운 수술실에 들어갈 때마다 '이대로 내 인생이 끝난다면 어떻게 될까…' 하는 생각에 여러 다양한 애상이 떠오른다. 그리고 무사히 수술을 마치고 병상 침대에서 깨어나 바라보는 세상은 완전히 다른 세상이다. 창밖으로 보이는 나뭇잎 하나, 새싹 하나, 꽃 한 송이가 너무나 사랑스럽고 아름답다. 따스한 햇살과 바람을 느끼고 숨을 쉴 수 있다는 것이 너무 감사하다. 시를 쓴다는 것은 이처럼 전혀 새로운 눈과 호흡으로 세상을 바라보는 따스하고 사랑스러운 시선일 것이다.

　광주광역시에서 정율성 기념 공원을 짓는 문제로 정치권의 공방이 뜨거웠을 때 나는 문정희의 〈눈물은 어디에다 두나〉를 내 페이스북에 공유한 적이 있다. 정율성 기념 공원은 한쪽 눈으로 볼 때는 일리가 있지만, 두 눈으로 볼 때는 아무래도 문제가 있지 않나 하는 생각을 시에 빗대어 피력한 것이다.

　설령 정율성이 독립운동을 했다 할지라도, 그는 분명히 중공군이었고 〈팔로군 행진곡〉을 작곡한 사람이다. 게다가 북조선 노동당에 입당하여 6·25 전쟁 당시 중공군 일원으로 참전했으며 〈조선인민군 행진곡〉도 작곡했다. 그 집안의 후손이나 친척이 생가를 매입해 복원하겠다고 한다면 뭐라고 할 수 없지만, 국민의 세금으로 기념 공원을 추진한다는 것은 두 눈으로 볼 때는 납득하기가 어렵다.

오히려 그것을 강행함으로써 5·18 민주화 정신이 훼손당하고 광주가 민주화의 성지가 아닌 좌파 이념의 이미지로 각인되어서는 안 된다는 우려를 피력한 것이다. 더구나 그 당시 국민의 80% 가까이가 반대하는 상황이었다. 그래서 나는 문정희 시인의 표현대로 한 눈이 아닌 두 눈으로 역사를 보고 해석해야 한다는 것을 시에 빗대어 강조한 것이다.

이처럼 시에는 내가 이 시를 왜 쓰는지에 대한 주제 의식이 뚜렷해야 하고 애절함과 간절함이 있어야 한다. 문정희의 시를 보면, 좌파와 우파로 나뉘어 갈등하는 현실에 대한 안타까운 마음이 '한쪽 눈'이라는 이미지를 통해서 선명하게 드러나고, "내 눈물은 어디에다 두나"라는 표현 속에 시인의 애절함과 간절함이 묻어나지 않는가. 내가 페이스북에 이런 내용의 글을 썼더니 주요 일간지에서 다루고 조선일보에서 문정희 시인과 특별 인터뷰를 해서 거의 한 면 분량의 기사가 나갔다. 이게 바로 시의 동력이다.

첫눈이 오는 날
눈 덮인 산 위에 누군가가 보이지 않는 손으로
큰 글씨를 쓴다

사랑하는 사람이 앓고 있다고

쌓인 눈이 녹아 흐르도록 눈물을 흘렸다
떨리는 손으로 전화기를 들었지만

차마 문자 한마디도 보내지 못한 이유는
그와 나 사이에 있는 얼음벽 때문인 듯

얼음벽 너머로 아련히 느껴지는 창백한 얼굴
나는 지금 어찌해야 되는지…
너무나 슬픈 꿈

창밖을 보니 첫눈은 내리지 않는다
첫눈이 내리지 않았는데도 눈물이 멈추지 않는다
눈물이 꿈에 본 얼음벽을 녹여 내고 있다.
_ 소강석, 〈애상〉

위의 시는 실제로 내가 어떤 분의 꿈을 꾸고 나서 쓴 시다. 하루는 꿈을 꾸는데 너무나 실제와 같아서 꿈인지도 모르고 잠에서 깼다. 너무 마음이 아프고 시렸다. 걱정스러운 마음에 전화나 문자를 한번 드려 볼까 하다가 혹여 누가 될까 봐

하지 못했다. 대신 그때의 아린 마음을 〈애상〉이라는 시로 표현하였다.

 훗날 그분과 만나 뵐 자리가 있어서 그때의 꿈과 애상을 이야기했다. 그랬더니 실제로 그 당시 그분께서는 얼음벽과 같은, 인생에서 가장 힘든 시기를 보내고 있었다는 것이다. 지금도 겨울이 오고 눈이 내리면 〈애상〉이라는 시가 생각난다. 시인은 세상의 차가운 얼음벽을 그 누구도 느낄 수 없는 애절하고 간절한 마음, 애상의 눈물로 녹여 내는 사람이 아닐까.

# 7.

시를
어떻게
쓸 것인가

자연의 공간에는 하나님이 지으신 자연의 사물이 존재하고, 인간의 마음속엔 말씀이 존재한다. 이 말씀은 "하나님이 흙으로 사람을 지으시고 생기를 그 코에 불어 넣으시니 사람이 생령이 된지라"의 생령이다. 이 생령이, 하나님이 말씀으로 천지를 지으신 것처럼 말씀으로 짓는 언어 예술이 작시作詩이다. 작시는 공간에 존재하는 실물實物에 새로운 이름을 지어 주는 작명作名이다.

  성경에는 하나님이 지으신 생물을 "그에게로 이끌어 이르시니 아담이 각 생물을 일컫는 바가 곧 그 이름이라"라고 했다. 공간에는 실물이 존재하고, 마음에는 사물의 이름, 곧 명물$_{名物}$이 존재한다. 사람이 새로 지은 사물의 이름인 명물이 실물의 이미지와 잘 어울릴 때 명실상부$_{名實相符}$하다고 한다. 아담이 처음에 부른 이름은 다 명실상부한 작명이었다.

  시는 특유의 영역이다. 시는 산문과 다르다. 산문은 서술과 나열이다. 그러나 시는 직관된 이미지나 사상을 비유와 상징, 운율적 언어로 표현한다. 그래서 시는 창작 방법이 다르다. 시를 어떻게 쓸 것인가에 대해 구체적으로 살펴본다.

# 시의 동기

-

### 시인의 마음 갖기

시인은 태어난다는 말이 있다. 시인은 다른 사람이 보지 못하는 것을 보고 느껴야 하기 때문이다. 아무리 시를 쓰고 싶어도 시인의 마음을 갖지 못하면 시를 쓸 수 없다. 칸 영화제에서 각본상을 수상한 이창동 감독의 영화 〈시〉를 보면 시인의 마음이 얼마나 중요한가를 알 수 있다.

어느 작은 소도시에서 중학교에 다니는 손자와 함께 살아가는 미자(윤정희 분)라는 여인이 나온다. 그녀는 손자 하나만 바라보고 간병인을 하며 힘겹게 살아간다. 하지만 그녀의 마음은 꽃과 나비를 좋아하는 순수함과 동심으로 가득 차 있다. 그러던 어느 날 동네 문화원에서 우연히 '시' 강좌를 수

강하게 된다.

  영화 속에서 김용택 시인은 시를 강의하며 시를 쓰기 위해서는 먼저 시인의 마음이 있어야 하고 모든 사물과 대상을 사랑의 마음으로 바라봐야 한다고 강조한다. 많은 시 수강생들이 있었지만 미자라는 여인만이 〈아네스의 노래〉라는 시를 쓸 수 있었다. 그것은 그녀의 마음에 시인의 마음이 있었기 때문이다.

  이처럼 누구나 시를 쓰고자 한다면 먼저 시인의 마음을 가져야 한다. 그렇다면 그 시인의 마음은 구체적으로 무엇인가? 그것은 사람들의 마음에 편안함과 진정한 행복을 줄 수 있는 서정적 사랑의 마음이다. 시인은 시를 통하여 독자들에게 따뜻한 평안과 사랑을 줄 수 있어야 한다. 시가 사람의 마음을 파괴하고 불편하게 만들고 고통스럽게 하면 되겠는가.

  시를 읽었는데 마음이 더 복잡해지고 공격적으로 변하고 미움과 증오감이 생긴다면, 그것은 진정한 시의 동기를 가지고 쓴 것이라고 볼 수 없다. 그러므로 시를 쓰려면 가장 먼저 서정적 사랑의 마음을 가져야 한다. 자연을 사랑하고 사람을 그리워하고 하나님을 향한 연모의 마음이 있을 때, 시를 쓰고 싶은 동기가 일어난다.

어느 벽보판 앞

현상수배범 전단지 사진 속에
내 얼굴이 있었다
안경을 끼고 입꼬리가 축 처진 게
영락없이 내 얼굴이었다
내가 무슨 대죄를 지어
나도 모르게 수배되고 있는지 몰라
벽보판 앞을 평생을 서성이다가
마침내 알았다
당신을 사랑하지 않은 죄
당신을 사랑하지 않고
늙어버린 죄

_ 정호승, 〈어느 벽보판 앞에서〉

위 시의 화자는 사랑해야 할 사람을 사랑하지 않는 죄, 사랑하지 않고 그냥 늙어 버린 죄… 이것이 죄라고 말한다. 옛날에는 현상수배범을 찾는 벽보가 많았다. 그런데 화자가 어느 벽보판 앞에서 보니까 현상수배범의 사진에 자기 얼굴이 들어 있더라는 것이다. 안경을 끼고 입꼬리가 축 처진 게 영락없이 자기였다는 것이다. 그 얼굴이 자기 자신을 고발하고 있더라는 것이다. 이웃을 사랑하지 못한 죄가 나를 고발하고 있는 것이다.

사실 우리가 이웃을 사랑하지 못한 죄는 수천수만 가지나 된다. 그러나 이웃을 사랑하지 못하는 것보다 더 큰 죄가 있다. 그것은 바로 아무도 사랑하지 않은 죄다. 이처럼 시인의 마음에는 반성적 성찰의 마음이 발화된다. 시인은 서정적 사랑과 반성적 성찰의 마음을 가지고 미지의 언어 세계를 방랑하는 나그네와도 같다.

애써 참지 마라
살아 있기에 눈물 흘린다
너무 아파하지 마라
사랑하기에 아픈 것이다
삶도 사랑도 바람처럼 스쳐 가고
비처럼 젖게 하는 것
그냥 슬플 땐 눈물을 흘리고
외로울 땐 비에 젖은 채 길을 떠나라
눈물을 흘리다 꽃잎마저 떨어지면
더 뜨거운 불을 가슴에 품어 보아라
세찬 바람이 불면
꽃잎은 젖은 편지가 되어
그리운 이의 가슴에 떨어지나니.
_ 소강석, 〈비가 꽃잎에게〉

서정적 사랑과 반성적 성찰이 만나는 자리에 시가 꽃을 피운다. 우리는 살아 있기에 눈물 흘리고 사랑하기에 아픈 것이다. 위의 시는 비와 꽃잎의 비유를 통하여 인생의 사랑과 그리움, 만남과 이별, 시련과 위로의 서사를 묘사하였다. 시인의 마음이 없다면 어찌 비에 젖은 꽃잎을 보며 갖은 풍파와 시련 속에서 살아가야 할 인생의 애환을 떠올릴 수 있겠는가. 서정적 사랑과 반성적 성찰의 시각을 가지고 세상을 바라보기 시작할 때 시의 꽃씨는 발화하기 시작한다.

# 시의 시작

-

## 새롭게 보기

 시 창작은 시공간의 제한을 벗어나는 상상력想像力으로부터 시작한다. 상상력은 시의 문을 여는 열쇠와 같다. 우리는 상상력을 통하여 시의 문을 열고 들어간다. 상상想像은 우리말로 '그리다'이다. 다시 말하면 상상력은 '그리는 힘'이다. 마음속으로만 그리는 것은 '그리움'이고, 선과 색채로 그리면 '그림'이 되며, 언어로 그리면 '시적 이미지'가 된다. 그래서 영국의 시인 C. D. 루이스는 "시적 이미지는 말로 그린 정열적 그림"이라고 정의했다.

 여기서 정열적이란 말은 강렬한 그리움을 가리키는 말이다. 그리움은 곧 사랑이다. 그러니까 시인은 강렬한 사랑을 하는 사람이다. '시'와 '노래'와 '그림'은 상상력으로 발원하여 도달한 그리움의 꽃이며 사랑의 열매이다. 곧 영혼의 열매인 것이다. 그러므로 시인은 자신만의 상상력을 통하여 모든 사물과 관념을 새롭게 볼 수 있어야 한다. 똑같은 나무, 꽃, 풀, 별과 호수를 볼 때도 똑같은 시각이 아닌 새로운 상상력으로 보아야 한다. 이것은 박용후의 저서 《관점을 디자인하라》의 표현을 빌리자면 "관점의 디자인을 새롭게 하라"라는 의미이기도 하다.

김동명의 〈내 마음〉이라는 시를 보면, 시인의 눈에 비친 호수는 똑같은 호수가 아니다. 보통 사람들의 눈으로 보면 호수는 '아름답다', '좋다', '콘도를 지으면 잘될 것 같다' 등으로 생각될 것이다. 그러나 시인은 호수를 새롭게 보았다. 사랑하는 사람과 자신 사이에 놓인 마음의 거리로 보았다. 그래서 시적 자아가 바라보는 호수는 마음이 되고, 다시 시인의 마음은 호수가 된다.

별똥별이 떨어지는 순간에
내가 너를 생각하는 줄
넌 모르지

떨어지는 별똥별을 바라보는 순간에

내가 너의 눈물을 생각하는 줄
넌 모르지

내가 너의 눈물이 되어 떨어지는 줄
넌 모르지
_ 정호승, 〈별똥별〉

별을 어떻게 새롭게 볼 것인가. 별이 우주에 떠 있는 하나의 행성으로만 보이는 사람은 시인이 될 수 없다. 시인은 별똥별을 보고 사랑하는 사람을 떠올린다. 사랑하는 사람 때문에 흘리는 눈물을 생각한다. 그래서 별똥별은 시인의 눈물이 되어 사랑하는 사람의 가슴에 떨어진다.

눈앞의 꽃 지고 나면
세상 모든 꽃 다 진 줄 알았더니
일어나
눈을 들어 보니
사방 천지가 다 꽃이었다

꽃 한 송이 졌다고 울지 마라

눈 한 번만 돌리면

세상이 다 봄이다.

_ 소강석, 〈봄 1〉

 

사람이 살다 보면 어찌 세상일이 다 자기 마음대로 될 수 있겠는가. 만나지 않아야 할 사람들, 겪지 않아도 될 일들, 생각지도 못한 시련들… 그 앞에서 절망하고 슬퍼하기도 한다. 그러나 꽃 한 송이 졌다고 울며 좌절할 필요는 없다. 눈 한 번만 돌리면 세상이 다 봄이고 꽃 천지이기 때문이다. 위의 시는 봄에 대한 전혀 새로운 관점을 보여 주며 우리의 눈과 마음의 문을 열어 준다.

 

여름 새벽 바다 모래사장에

글씨를 써 놓았더니

파도가 올라왔다 읽고 내려간다

다 읽지 못했는지

또 올라왔다 내려갔다

읽어도 무슨 말인지 모르겠는지

또 올라왔다 내려갔다 하며

읽고 또 읽는다

파도가 내가 쓴 글씨를 지워 놓고

어디에 있는지 찾고 있다
온 우주가
새벽 바다에 밀려왔다 떠내려갔다 하며
그리움을 노래한다.
_ 소강석, 〈여름 2〉

  시인의 눈에 보이는 여름 새벽 바다는 그냥 바다가 아니다. 시적 화자와 파도가 서로 묵언의 대화를 나누며 교감하는 바다다. 시인이 무엇을 기록해 놓았는지는 모른다. 자신의 꿈일 수도 있고, 그리운 연인의 이름일 수도 있고, 소망하는 기도일 수도 있다. 그런데 파도가 자꾸 밀려와서 글씨를 지운다. 그리고 또 글씨가 궁금한지 다시 밀려와서 바라본다.
  시적 상상력이 발현되면서 여름 새벽 바다가 새로운 사랑과 그리움의 이미지로 창작된다. 결국 시인은 "온 우주가 / 새벽 바다에 밀려왔다 떠내려갔다 하며 / 그리움을 노래한다"라고 광활한 우주적 상상력으로까지 확장시킨다. 시를 쓰려면 시인의 눈을 가져야 한다. 시인의 상상력을 가져야 한다. 그럴 때 사물이 새롭게 보이기 시작한다.

# 시의 기술

-

## 낯설게하기

'낯설게하기'는 러시아 문학가 빅토르 시클롭스키가 주장한 문학 기법 중 하나이다. 우리 주위에서 일상적이고 상투적인 사물이나 관념을 낯설게 하여 전혀 새로운 느낌을 주도록 표현하는 것이다. 낯설게하기를 얼마나 잘하느냐에 따라 시의 성공과 실패가 달려 있다고 해도 과언이 아닐 정도로 시인이 가져야 할 매우 중요한 시 창작 기법이다.

여기서 낯설게하기라는 말을 어색한 표현이나 아마추어적인 표현을 포장하는 의미로 사용해서는 안 된다. 그것은 시의 새로움을 넘어서 또 다른 고차원의 시적 기교를 말한다.

김용택의 〈빗장〉은 상대방을 향한 그리움과 사랑이라는

통속적 관념을 '빗장'이라는 비유를 통하여 낯설게 표현했다. '나는 너를 사랑한다', '나는 네가 그립다'와 같은 문장은 누구나 쓸 수 있는 상투적인 표현이다. 동시에 산문적 표현이다. 시는 통속적이고 상투적인 관념이나 이미지를 낯설게 표현하는 것이다.

슬픔이 택배로 왔다
누가 보냈는지 모른다
보낸 사람 이름도 주소도 적혀 있지 않다
서둘러 슬픔의 박스와 포장지를 벗긴다
벗겨도 벗겨도 슬픔은 나오지 않는다
누가 보낸 슬픔의 제품이길래
얼마나 아름다운 슬픔이길래
사랑을 잃고 두 눈이 멀어
겨우 밥이나 먹고 사는 나에게 배송돼 왔나
포장된 슬픔은 나를 슬프게 한다
살아갈 날보다 죽어갈 날이 더 많은 나에게
택배로 온 슬픔이여
슬픔의 포장지를 스스로 벗고
일생에 단 한번이라도 나에게만은
슬픔의 진실된 얼굴을 보여다오

마지막 한방울 눈물이 남을 때까지
얼어붙은 슬픔을 택배로 보내고
누가 저 눈길 위에서 울고 있는지
그를 찾아 눈길을 걸어가야 한다

— 정호승, 〈택배〉

위의 시는 슬픔이 택배로 왔다고 하며 낯설게하기의 진수를 보여 준다. 다른 것은 반품할 수 있지만 이 슬픔은 필연적으로 찾아온 것이기 때문에 반품할 수도 없다. 슬픔의 반대는 무엇인가? 기쁨이다. 또 기쁨의 이웃사촌은 행복이라고 할 수 있다. 그런데 기쁨도 영원하지 않고 행복도 영원하지 않다는 것이다. 기쁨 다음에, 그리고 행복 다음에 운명적으로 찾아오는 것이 슬픔이라는 것이다.

그런데 그 슬픔이 택배로 찾아왔다는 것이다. 이 슬픔은 누가 보냈는지 이름도 주소도 쓰여 있지 않았다. 그럼에도 불구하고 호기심 반 기대 반으로 서둘러 포장지를 벗겼는데, 벗겨도 벗겨도 슬픔의 얼굴이 보이지 않는다. 그러니 이 슬픔의 본질마저 포장지에 가려져 있는 게 너무 슬프다고 말한다.

분명한 것은 시적 화자에게 살아갈 날보다 죽어갈 날이 더 많고 가까운 것이 슬픔의 근원인 듯 느껴진다는 것이다. 그러나 시적 화자는 여기서 새로운 역설의 낯설게하기를 보여 준다. 마지막 한 방울 눈물이 남을 때까지 얼어붙은 슬픔을 보내 버리고, 오히려 눈길 위에서 울고 있는 그를 찾아가 위로해 주는 삶을 살고 싶다는 것이다.

정말 가슴 뭉클한 시다. 우리 모두에게 슬픔은 운명적이고 필연적으로 찾아오는 것이 사실이지만, 오히려 자신이 당한 슬픔을 넘어서 자신이 사는 날까지 슬픔을 당한 사람들을 위로해 주는 삶을 살자는 역설적 제안을 한다.

비가 내리면 빗줄기들이 자꾸 말을 건넨다
잠도 못 자게 창문을 두드린다
이불을 뒤집어쓰고 눈을 감아도
빗줄기들이 창밖에서 기다린다
소리 하나
불빛 하나
비는 셀 수 없이 내려도
빗줄기는 하나다
나는 얼마나 많은 사람들 사이를 지나쳐 왔을까
이름도 모른 채
말 한 마디 건네지 못한 채 스쳐 지나간
헤아릴 수 없는 이름들이
창밖에 쏟아져 내린다.

_ 소강석, 〈외로운 선율을 찾아서〉

위 시는 매일경제 '시가 있는 월요일'이라는 코너에 소개된 시이다. 허연 문화부장은 이렇게 해설했다.

"비는 사람으로 하여금 생각에 잠기게 하는 힘을 가지고 있다. 목회자이기도 한 소강석 시인은 빗소리를 들으며 스쳐 지나간 사람들을 떠올린다. 인생을 살면서 만났다가 헤어진 사람들이 한 명 한 명 빗줄기로 쏟아지는 듯한 상념에 빠진다. 모두 하나의 선율이다.

삶은 결국 사람들과 만나고 헤어진 이야기의 총합이다. 누구를 만나 어떤 일을 했느냐가 곧 나를 말해준다. 물론 나 역시 다른 사람에게 인연의 빗줄기일 수 있다. 시인은 잠을 못 이룬 채 헤아릴 수 없이 쏟아져 내리는 이름들을 기억해 내려 애쓴다. 따뜻하고 뭉클한 시다."

이처럼 시는 일반적이고 통속적인 관념이나 이미지를 시인의 낯설게하기라는 시적 기술을 통해서 재창조하는 작업이다.

# 시의 생명

## 창의성

 시는 문득문득 찾아올 때가 있고 길을 가다가 주울 때도 있다. 또 애써 노력하여 쓰는 시도 있다. 그런데 전제 조건이 있다. 어떤 사람에게 시가 찾아오고, 어떤 사람이 길을 갈 때 시를 줍고, 또 어떤 사람이 노력해서 시를 쓸 수 있는가. 바로 창의성이 있는 사람이다. 다른 문학 장르도 마찬가지겠지만, 특별히 시는 창의성이 생명이다. 창의적인 소재, 창의적인 언어의 직공이 되지 못하면 죽은 언어가 된다.
 시인은 끊임없이 창의적인 이미지와 언어를 찾아 헤매는 고독한 순례자와 같다. 시인은 다른 사람이 보지 못하는 것을 보고 생각하지 못한 것을 사유하는 창의적 존재이기 때문이다. 그런 의미에서 T. S. 엘리엇은 아마추어 시인은 흉내 내지만 진짜 시인은 훔쳐 온다고 했다. 시의 창의성을 강조한 것이다.

그러므로 비슷비슷한 것들은 가짜나 짝퉁이다. 연암 박지원의 예술론, 인생론을 평론한 한양대 정민 교수의 책 제목이 바로 '비슷한 것은 가짜다'이다. 그 책에서 정민 교수는 연암 박지원을 이렇게 표현했다.

"서늘함은 사마천을 닮았고 넉살 좋음은 장자에게서 배운 솜씨다. 소동파의 능청스러움, 한유의 깐깐함도 있다. 불가에 빠진 사람인가 싶어 보면 어느새 노장으로 압도하고, 다시금 유자의 근엄한 모습으로 돌아와 있다."

한마디로 연암은 어떤 특정한 사상이나 이념에 사로잡혀 있지 않고 언제나 자신만의 창의적 시각을 가지고 창의적 삶을 살았다는 것이다. 시 역시 상투적이고 비슷한 시들은 좋은 시라고 볼 수 없다. 자기만의 시선과 사유를 관통하여 나온 독보적인 창의성을 가진 시가 좋은 시다.

서정주 시인은 〈자화상〉이라는 시를 통하여 "나를 키운 건 팔할이 바람"이라는 창의적 표현을 했다. 서정주 생가를 보면, 마을 뒤에는 소요산이 있고 앞에는 변산만 바다가 있다.

서정주는 산과 바다, 하늘과 바람, 아름다운 꽃들이 만발하는 이곳에서 자랐다. 그래서 시적 감수성이 더 움틀 수 있었다. 거기다가 구술력이 뛰어난 외할머니가 어릴 때부터 이야기를 많이 해 줬다고 한다. 그런데도 그는 유독 자기를 키운 8할이 바람이었다고 누구도 생각지 못한 창의적 시의 이미지를 묘사했다. 그 동네는 실제로 바람이 많았다. 그래서 그 바람은 실제 바람일 수도 있다.

그러나 바람이라는 시어는 자신의 삶을 흔들어 온 풍파와 시련과 고통의 의미가 더 클 것이다. 그것도 아니면 풍파와 시련 속에서도 꿋꿋이 살아 있음을 스스로 증명하고 싶어 하는 모든 예술적 열망의 다른 이름일 수도 있다. 바로 그 예술적 열망이 자신을 키웠고 시를 쓰게 된 것이라고 그는 고백하고 있다. 서정주는 고향의 바람을 훔쳐 와 창의적 시를 쓴 것이다.

신촌 뒷골목에서 술을 먹더라도
이제는 참기름에 무친 산낙지를 먹지 말자
낡은 프라스틱 접시 위에서
산낙지의 잘려진 발들이 꿈틀대는 동안
바다는 얼마나 서러웠겠니
우리가 산낙지의 다리 하나를 입에 넣어

우물우물거리며 씹어 먹는 동안

바다는 또 얼마나 많은

절벽 아래로 뛰어내렸겠니

산낙지의 죽음에도 품위가 필요하다

산낙지는 죽어가면서도 바다를 그리워한다

온몸이 토막토막난 채로

산낙지가 있는 힘을 다해 꿈틀대는 것은

마지막으로 한번만 더

바다의 어머니를 보려는 것이다

_ 정호승,〈산낙지를 위하여〉

위의 시는 누구도 생각지 못한 의인화를 통해 창의성을 보여 준다. 어떻게 산낙지가 온몸이 토막 난 채로 있는 힘을 다해 꿈틀대며, 마지막으로 한 번만 더 어머니를 보고 싶어 한다는 창의적 상상을 할 수 있는가. 이게 바로 시인만이 가질 수 있는 전혀 새로운 창의성의 눈이다.

똑같은 시선, 똑같은 감성, 똑같은 사고를 가지면 누구나 알고 있고 상상할 수 있는 상투적인 시밖에 쓸 수 없다. 그러나 시인이 창의적 눈과 마음, 상상력을 가지게 되면 전혀 새로운 시의 세계를 보여 줄 수 있다. 독자는 그런 시인의 눈을 통해 지금까지 보지 못했던 깊고 신비로운 세계와 만나게 된다.

안도현 시인은 〈너에게 묻는다〉라는 시에서 "연탄재 함부로 발로 차지 마라"고 표현한다. 그처럼 한 번이라도 뜨거웠던 적이 있느냐고 반문한다. 과거에 연탄재처럼 흔한 것이 없었다. 그 흔한 소재를 놓치지 않고 사람의 뜨거운 열정, 꿈, 사랑 등을 표현한 창의성이 강한 시다. 우리 주변 가까이 있는 흔한 소재들도 창의성을 발휘하면 전혀 새로운 이미지나 관념으로 탈바꿈하는 창의적 시가 될 수 있다.

우린 꽃으로 만나 갈대로 헤어지나니
풀잎으로 만나 낙엽 되어 이별하나니
산은 눈을 감고
강물은 귀를 막고
달은 소리 없이 걷고 있나니
새 한 마리 울어 청산이 울리고
꽃송이 하나로 봄이 오고
별 하나 떠서 온 밤이 환해지나니
바람이 스쳐 가는 갈대 사이로
내가 서 있어요
갈대로 헤어진 우리
다시 꽃으로 만날 순 없을까.
_ 소강석, 〈꽃으로 만나 갈대로 헤어지다〉

코로나 팬데믹 시기에 쓴 시이다. 코로나로 인하여 어쩔 수 없이 사회적 거리두기를 할 수밖에 없었던 상황을 '꽃으로 만나 갈대로 헤어지다'라는 시적 창의성을 통하여 표현했다. 교인들뿐만 아니라 많은 사람이 이 시를 통해서 위로받았다고 한다. 우리가 비록 지금은 코로나로 인하여 갈대처럼 헤어져 있지만 다시 꽃으로 만나자는 소망을 담아 노래한 것이다. 코로나 팬데믹에 대한 정치적·사회문화적 해석이나 설명보다도 한 편의 시를 통한 감성 메시지가 훨씬 더 큰 울림과 감동을 줄 수 있다.

달님은 알지요
겨울 내내 당신만 생각하며
그 추운 밤을 견디었다는 것을
두향*의 눈빛이
희고 붉은 꽃잎으로 피어
천년의 바람에도 사라지지 않을 사랑을

---

* 퇴계 이황이 단양군수로 있을 때 두향이란 관기를 만나 서로 사랑하게 된다. 퇴계가 단양군수에서 경상도 풍기군수로 옮기게 되면서, 관기는 데려갈 수 없어 두 사람은 어쩔 수 없이 이별을 한다. 퇴계는 두향이 준 매화 화분을 가지고 간다. 두향은 퇴계를 연모하지만 누가 될까 봐 찾아가지 않고 서신만 주고받는다. 퇴계는 두향이 준 매화를 정성껏 가꾸었다. 그리고 그가 세상을 떠날 때 남긴 마지막 유언은 "매화에 물을 주라"였다.

봄밤의 외진 담벼락에 새겨 넣고 있다는 것을

왜 당신은

봄의 첫 신호이며

밤새 뒤척이다 달려 나가 안기고 싶은

첫사랑의 향기인가를.

_ 소강석, 〈매화〉


그리운 사람은 아무리 멀리 있어도 보여요

숲의 기억은 흐릿해 가도

당신을 처음 만난 날의 아침 안개와

수풀을 흔드는 서늘한 바람과

볼을 스쳐 가는 따스한 햇살을 어찌 잊겠어요

당신 품에 안겨 산을 내려왔을 때

왜 아프지 않았겠어요

왜 산이 그립지 않았겠어요

그러나 숲의 기억마저도

당신을 사랑하는 데 허물이 된다면

모든 것 다 잊고

오직 당신만을 바라보겠어요.

_ 소강석, 〈난〉

너를 보면 눈물이 난다

가을훈장처럼 화려하지만

어쩐지 외로움이 느껴져

외로운 사람은 비가 아니라 빗줄기가 보이고

눈보라가 아니라 눈송이가 보인다잖아

돌이켜 보니 나를 살게 한 건

내가 아니라

이 세상의 모든 너였지

새벽 찬 서리에 젖어서도

웃고 있는 너

가을비처럼

사라져 갈 줄 알았지만

살아 있기에

외로운 사랑을 할 수밖에 없었다.

_ 소강석, 〈국화〉


눈이 내리나 했지만

눈은 내리지 않고

눈이 오기를 기다리는 당신과

당신을 기다리는 나는

겨울 내내 서로의 눈을 바라보며

> 눈이 오기를 기다렸습니다
> 눈이 오지 않는
> 어느 추운 바람 부는 밤
> 미안하단 말도
> 그립다는 말도
> 사랑한단 말도
> 두 눈동자 가득 눈이 되어 내렸습니다.
> _ 소강석, 〈대나무〉

    위의 시 네 편은 코로나 팬데믹 시기에 변치 않는 절개와 지조의 상징인 매란국죽梅蘭菊竹을 소재로 하여 쓴 연작시이다. 사람들이 서로 만날 수 없고 이야기할 수 없는 강제된 침묵과 고립의 시기에 홀로 피고 서 있어도 고고한 향기와 자태를 잃지 않는 사군자를 통하여 사랑과 위로의 메시지를 보내고 싶었다.

    누가 사군자를 시로 표현할 수 있겠는가. 물론 사군자를 노래한 시인들이 있을 것이다. 그러나 코로나 팬데믹이라는 절체절명의 위기 속에서 좌절하거나 포기하지 않고 새로운 사랑과 희망을 꿈꾸는 창의적 발상을 사군자 시로 담아 보았다.

    당시 《외로운 선율을 찾아서》라는 시집에 수록된 사군자 시들을 통하여 사람들에게 잠시라도 정서의 환기와 서정적 감성을 선물할 수 있었다. 자기 자신만이 가지고 있는 독자적 관점과 창의성은 시공간에 생명력을 불어넣는다.

# 시의 디자인

##### 이미지화

    예술 작품의 창작에서 중요한 것은 '무엇을' '어떻게' 형상화하느냐 하는 것이다. 여기서 '무엇을'은 작품의 내용이며, '어떻게'는 작품의 형식이다. 그런데 '무엇을'이란 내용은 '인생' 혹은 '인간 존재' 등이 주안점이 되지만, '어떻게'란 형식은 시인의 모든 작품이 다 새로운 형식의 창작이라는 것이다.
    따라서 예술 작품의 가치 평가는 어떻게 형상화되었느냐 하는 형식적 평가가 중요한 요인이 될 수밖에 없다. 다시 말해 시의 창작은 곧 새로운 이미지의 형상화이다. 그래서 현대 시론에서 "시는 이미지이다"라는 정의는 곧 시의 형식적 정의를 의미한다. 시는 이미지 언어다. 설명이나 서사가 아니다. 그래서 은유와 직유, 비유와 상징의 언어로 표현한다. 은유는 시적 비유의 핵심이다.

영국의 문학 비평가 I. A. 리처즈는 "시적 상상력이 열등한 시인은 은유를 직유로 추락시킨다"라고 했다. 시인은 설명하는 사람이 아니라 이미지화를 통해 보여 주고 느끼게 하는 사람이다. 그래서 위대한 시인일수록 똑같은 사물과 관념에 대하여 감각적인 이미지를 창작한다.

> 사월은 가장 잔인한 달
> 죽은 땅에서 라일락을 키워 내고
> 추억과 욕정을 뒤섞고
> 잠든 뿌리를 봄비로 깨운다.
> 겨울이 오히려 따뜻했다.
> 대지를 망각의 눈으로 덮어 주고
> 연약한 목숨을 마른 구근으로 먹여 살렸다.
> _ T. S. 엘리엇, 〈황무지〉

4월은 꽃이 피고 새싹이 돋아나는 생명의 달이다. 그런데 시인은 가장 잔인한 달이라고 표현한다. 위 시에서 4월은 라일락으로 이미지화되고 그 라일락의 진한 향기 속에는 인간의 추억과 욕정이 이미지화된다.

*고독은 비처럼
바다로부터 저녁을 향해 올라온다.
멀리 외딴 벌판으로부터 고독은
언제나 외로운 하늘로 올라가서는
처음 그 하늘에서 도시 위로 떨어져 내린다.

모든 골목길마다 아침을 향해 뒤척일 때,
아무것도 찾지 못한 육신들은
실망과 슬픔에 젖어 서로를 떠나갈 때,
그리고 서로 미워하는 사람들이
한 잠자리에 들어야 하는
그 뒤엉킨 시간에 비 되어 내리는

고독은 냇물과 더불어 흘러간다.*
_ 라이너 마리아 릴케, 〈고독〉

릴케는 인간의 고독을 비, 바다, 들녘 등으로 이미지화했다. 그래서 고독은 비가 되어 흐르고 바다로부터 저녁을 향해 오르며, 멀고 외딴 벌판의 이미지로 나타난다.

내 고장 칠월은

청포도가 익어 가는 시절

이 마을 전설이 주저리주저리 열리고
먼 데 하늘이 꿈꾸며 알알이 들어와 박혀

하늘 밑 푸른 바다가 가슴을 열고
흰 돛단배가 곱게 밀려서 오면

내가 바라는 손님은 고달픈 몸으로
청포靑袍를 입고 찾아온다고 했으니

내 그를 맞아 이 포도를 따 먹으면
두 손을 함뿍 적셔도 좋으련

아이야 우리 식탁엔 은쟁반에
하이얀 모시 수건을 마련해 두렴

_ 이육사, 〈청포도〉

위의 시를 고향에 대한 그리움을 노래한 서정시로만 해석하는 것은 너무 좁은 시야라고 할 수 있다. 〈청포도〉는 고향을 소재로 한 시이지만, 조국의 독립을 염원할 뿐만 아니라 광복의 세계와 민족적 자유의 세계를 염원하는 시라고 할 수 있다. 다시 말하면 광복 이후의 유토피아 세계를 고향의 청포도로 이미지화한 것이다.

이육사에게 있어서 청포도는 절망 속의 희망이요, 푸르른 미래요, 독립의 염원이다. 그러므로 청포도가 알알이 싱그럽게 익어 갈수록 내가 살던 고향 마을은 희망의 이야기로 가득하고 흰 돛단배의 이미지처럼 꿈이 열린다는 것이다. 나는 이 시를 읽으면서 '너무 아름답다, 너무 위대하다'라는 생각이 들었다.

청포도 하나를 가지고 얼마나 아름답고 선명한 이미지를 창출해 내고 있는가. '내 고장 칠월', '청포도', '흰 돛단배', '청포靑袍', '은쟁반', '하이얀 모시 수건' 등의 이미지가 서로 연결되면서 그토록 바라던 손님이 고달픈 몸으로 청포를 입고 왔을 때 두 손을 함뿍 적시며 포도를 따 먹고 싶다는 오감의 시적 감각을 선명하게 보여 준다.

조국 광복에 대한 염원을 7월의 손님과 함께 식탁에 앉아 은쟁반에 놓인 청포도를 두 손에 함뿍 적시며 먹는 그림으로 표현했다. 시에 있어서 함축과 은유, 이미지라는 게 이렇게 중요하다. 시인의 사유가 얼마나 선명하고 아름다운 이미지로 창출될 수 있는가를 보여 준다.

도종환의 시 〈담쟁이〉는 이미지화를 잘 보여 준다. 담쟁이는 우리가 어쩔 수 없는 벽이라고 느낄 때 말없이 그 벽을 오른다. 상황을 불평하지 않고 절망하지 않는다. 담쟁이는 어떠한 벽이라도 반드시 넘어가겠다는 간절함이 있기 때문이다. 담쟁이의 여린 잎 하나 하나에 담긴 간절함, 거친 숨결의 희망, 푸른 사모함이 결국 벽 너머의 세상을 보게 하는 것이다. 〈담쟁이〉는 한 편의 그림처럼 보이는 이미지화의 전형을 보여 준다.

단국대학교 총장을 역임한 김수복의 시 〈가을비〉에서는 가을비가 뒤꿈치를 들고 내린다고 표현한다. 호수 위로 내리는 가을비는 "호수 속으로 걸어가던 추억의 사나이"라고 표현한다. 가을비의 의인화를 완벽하게 이루며 그림처럼 아름답게 표현한 절창의 시다.

시는 바로 이런 것이다. 시는 결코 설명이나 해설, 설득이나 교훈이 아니다. 은유와 상징을 통한 이미지다. 가을비가 뒤를 돌아보아도 아무도 없다. 이 얼마나 호수 위로 내리는 가을비의 스산한 서정을 아름답게 표현하고 있는가.

소설가 한강은《채식주의자》,《소년이 온다》,《작별하지 않는다》 등으로 대한민국은 물론 아시아 여성 최초로 노벨 문학상을 받았다. 그녀는 소설에서 화려한 문장이나 현학적 언어만을 나열하지 않고 자기만의 독특한 시적 압축성으로 표현한다. 인간 세상의 암울하고 어두운 면을 시적인 언어로 서사함으로써 오히려 역설적으로 그 암울함을 통해 삶의 희망과 미학을 그린다.

그녀는 역사 대하드라마식 전개보다는 인간의 근원, 삶의 본질, 보편적 가치를 한 개인의 내면으로 끌어당겨서 시적 산문으로 서사한다. 특히 인간의 폭력성을 고발하며 어떤 방식이든 폭력은 절대로 있어서는 안 된다는 것을 강조한다. 그녀의 글은 불편하고 민망스러울 정도로 처절하지만, 자신만의 고독과 고통을 관통한 시적 서사의 꽃을 피웠다. 그녀의 인터뷰 언론 기사에 보면 "심장 속 불꽃이 타는 곳, 그게 내 소설이다"라는 제목이 나온다.

이 말을 시론에 적용해 본다면, "심장 속 불꽃이 타는 곳, 그게 내 시다"라고 말할 수도 있을 것이다. 한강 작가의 《서랍에 저녁을 넣어 두었다》라는 시집은 그녀만이 가지고 있는 특유의 서정성과 이미지 언어가 빛을 발하는 시들로 가득하다. 인생의 수많은 일과 외로움, 고통 속에서도 일상을 살아 내는 삶의 애환과 쓸쓸함을 '서랍', '저녁'의 이미지로 시화했다.

꽃밭을 여행했으면 사막으로 가라
사막을 다녀왔으면 다시 꽃밭으로 가라
꽃밭의 향기를 사막에 날리고

사막의 침묵을 꽃밭에 퍼뜨려라

꽃밭에는 사막의 별이 뜨고

사막에는 꽃밭의 꽃잎이 날리리니.

_ 소강석, 〈꽃밭 여행자 2〉

위의 시는 '꽃밭', '사막', '별', '꽃잎'의 이미지가 교차 비교되며 사막으로 간 꽃밭 여행자의 이미지를 선명하게 보여준다. 사막 같은 세상 속의 꽃밭 여행자가 꽃밭과 사막을 오가며 사막에는 꽃밭의 향기를, 꽃밭에는 사막의 침묵을 전달하는 매개체로 묘사된다. 너무 삭막하고 메마른 세상 속에는 꽃밭의 사랑을, 너무 화려하고 분요한 세상 속에는 사막의 침묵을 전하고자 메시지를 '꽃밭 여행자'라는 이미지 속에 담았다.

문득

가을비가 내리고

바람이 불고

나뭇잎들이 허공 위로 날아가다

나의 발 앞에 떨어졌을 때

그건

나뭇잎이 아니라

편지였다

쓰고 싶은 시였다

불 꺼진 창문 아래서

혼자 부르고 싶은 노래였다


눈을 감아도 보이고

귀를 막아도 들리고

숨을 참아도 부르게 되는

사랑이었다.

_ 소강석, 〈가을 1〉


위 시에서 '가을비', '바람', '나뭇잎'은 사랑하는 혹은 그리운 이에게 전하고 싶은 시적 화자의 마음으로 이미지화되었다. "눈을 감아도 보이고 / 귀를 막아도 들리고 / 숨을 참아도 부르게 되는 / 사랑"인 것이다. "시 속에 그림이 있고, 그림 속에 시가 있다"라는 소동파의 말을 떠올리게 한다.

# 시의 여백

### 함축과 은닉

 시는 함축과 은닉의 여백미가 있어야 한다. 한 편의 시를 통하여 독자에게 모든 것을 설명하려고 하면 안 된다. 오히려 함축과 은닉을 통하여 시적 화자의 마음과 생각을 감추고 독자의 가슴에 또 다른 상상의 문을 열고 감동의 여운을 남겨야 한다. 특히 시를 통하여 설명하고 교훈하려는 것을 경계해야 한다. 함축과 은닉을 통한 여백미는 시 세계를 광활한 시공간 속으로 확장시킨다.

 바람이 분다, 살아야겠다!
 큰 입김이 내 책을 폈다가 다시 접는다

바위 위에 솟구치는 파도의 포말!
날려 버려라. 아아 눈부신 책장들이여!
부숴라. 기뻐 날뛰는 물갈퀴로 부숴라
삼각돛이 모이를 쫓고 있는 뱃머리를

_ 폴 발레리, 〈해변의 묘지〉 중에서


폴 발레리는 프랑스 시인이다. 〈해변의 묘지〉라는 시에서 그는 "바람이 분다, 살아야겠다"라는 짧은 표현을 썼다. 어떤 설명이나 서사가 없다. 그러나 독자들은 그 짧은 함축과 은닉 속에서 삶의 희망과 도전, 용기를 발견한다. 온몸으로 바위에 부딪치며 뛰쳐나오는 파도를 보며 시인은 삶의 희망과 도전을 본다. 시인은 "인생은 파도처럼 도전하는 것이다"라고 설명하지 않는다. "바람이 분다, 살아야겠다"라고 함축과 은닉을 사용했다.

"물이 주인을 만나니, 그 얼굴이 붉어지더라Water saw its Creator and blushed."

_ 조지 고든 바이런, '종교학 과목 시험 답안'


19세기 영국 케임브리지대학 종교학 과목 시간에 이런 시험 문제가 출제되었다. "예수님이 물을 포도주로 바꾼 기적에 대해 논하시오." 시험 시작을 알리는 종이 울리자 학생들은 정신없이 답안을 쓰기 시작했다. 신학적으로, 물리학적으로, 문학적으로 한 자라도 더 써야 좋은 점수를 받을 것이 아니겠는가.

그런데 유독 한 학생만 멍하게 창밖을 보면서 가만히 있는 것이다. 그러자 담당 교수님이 주의를 주었다. "자네, 뭐든지 써야 점수가 나오지, 이렇게 백지로 내면 과락이야." 그러자 그동안 멍하게 앉아 있던 학생이 백지에 딱 한 줄을 써 놓고 유유히 교실 밖으로 나갔다. 그런데 그 학생이 쓴 단 한 줄의 답은 케임브리지대학 신학과 창립 이후 불멸의 전설로 기록되는 만점 답안지가 되었다. "물이 주인을 만나니, 그 얼굴이 붉어지더라."

예수님의 가나 혼인 잔치의 기적을 이보다 더 간결하고 시적으로 표현할 수 있겠는가. 시의 함축과 은닉의 정수를 보여 주는 명시가 아닐 수 없다. 이 전설적인 답안지를 쓴 학생은 훗날 영국의 3대 낭만파 시인이 된 바이런이다.

남으로 창을 내겠소
밭이 한참갈이
괭이로 파고
호미론 풀을 매지요

구름이 꼬인다 갈 리 있소

새 노래는 공으로 들으랴오

강냉이가 익걸랑

함께 와 자서도 좋소


왜 사냐건

웃지요

_ 김상용, 〈남으로 창을 내겠소〉


'사람은 왜 사는가', '인생의 목적은 무엇인가' 시인은 설명하지 않는다. "왜 사냐건 웃지요"라고 함축해 버린다. 밭을 괭이로 파고 호미로 풀을 매는 행위 속에 삶의 모든 일상을 은닉한다. 새의 노래도 공으로 듣고, 강냉이가 익으면 와서 함께 먹어도 좋다고 한다. 세상의 욕망을 초월한 시인의 모습이 함축적으로 그려진다.

고은의 시집《순간의 꽃》을 보면 시의 함축과 은닉의 미를 맛볼 수 있다. 우리가 등산할 때는 길섶의 꽃이나 나뭇잎을 보지 못한다. 바라보는 사람도 있겠지만, 대부분은 정상만을 향하여 올라간다. 고개를 수그리고, 다리에 힘을 주며 열심히 올라간다. 그러다가 내려올 때야 나뭇잎들도 보고 풀잎도 보고 꽃잎도 본다. 비단 등산만이 아니다. 우리가 걷고 있는 인생행로 또한 그와 같다.

고은 시인은 우리가 놓치고 살아가는 그 찰나의 순간을 '그 꽃'이라는 이미지로 함축시켰다. 고은 시인은 여러 차례 노벨 문학상 후보에 오른 대단한 시인이고 한국 시 문학의 자산이다. 여러 논란으로 인하여 그의 시 문학 세계가 부정되고 지워지는 것이 너무 안타깝고 아쉽다.

이제 곧 봄이 오려나 봐
너는 웃고 있는데
난 이별의 말을 생각하고 있었던 거야
겨울나무도 아무 말이 없어
숲속 나무의자에 앉아
우리가 함께 지나온 시간들을 회상하는데
바람이 분다
꽃이 나만 홀로 남겨 놓고
산을 내려가네
나는 산에 있고
꽃은 마을로 간다.
_ 소강석, 〈꽃〉

코로나 팬데믹 시기에 쓴 시이다. 여기서 말하는 '꽃'은 김춘수의 꽃과는 반대되는 꽃이다. 김춘수의 꽃이 시적 화자와 연결되고 관계를 맺는 꽃이라면, 이 시의 시적 화자는 꽃과 분리되어 잠시이지만 스스로 고독과 고립을 숙명으로 여기고 있다. 스스로 꽃과 분리되어 망각의 시공간 속으로 은둔하고 싶어 하는 자아이다. 코로나의 공포감과 우울함 사이에서 고뇌하는 시적 화자는 잠시 어떤 위로와 관계 맺음보다는 오히려 외로움을 선택하고 있다. 어느 곳으로도 피할 수 없고, 누구도 믿을 수 없는 폐허와 같은 세상 속에서 혼자 남기를 원하고 있다.

그런데 시가 이렇게만 끝나면 시가 아니다. 시는 반전이 있어야 한다. 꽃이 나만 홀로 남겨 놓고 산에서 내려가 버리는 것이다. 그래서 얼핏 보면 꽃과 나는 완전히 분리되어, 나는 산에 있고 꽃은 마을로 가는 것처럼 보인다. 시적 화자는 갈대처럼 헤어진 현대인의 표상이 되어 혼자 앉아서 고독과 고립, 그리고 이별의 외로움을 되씹고 있다. 그때 꽃이 마을로 내려가는 것이다. 꽃이 마을로 내려가면 어떻게 되는가? 사람들에게 봄이 확실하게 오게 될 것이다.

코로나 때문에 갈대처럼 헤어져 고립되고 황폐한 삶을 살아가고 있는 사람들 사이로 화사한 꽃들이 내려간다. 사람들이 서로 꽃으로 만나서 그들 스스로가 꽃이 되는 것이다. 그러니까 시적 화자도 어쩔 수 없이 꽃과 합일이 되어 마을로 내려가서 꽃으로 만나고 꽃과 같은 세상을 이룬다.

 이처럼 시는 함축과 은닉의 여백미를 통하여 그 어떤 장황한 설명이나 연설보다 더 깊고 큰 울림을 줄 수 있어야 한다. 코로나로 인하여 사람들이 어쩔 수 없이 갈대처럼 헤어져 고독을 숙명으로 생각하며 살아야 했다. 그런데 오히려 꽃이 마을로 내려가니까 시적 화자 역시 꽃을 따라가게 되었다. 그리고 다시 마을에서 꽃으로 만나는 아름다운 사회를 이루게 되었다. 그 기나긴 아픔의 겨울이 지나고 사람들과 함께 꽃이 만개하는 화해의 봄, 희망의 봄, 미래의 봄을 맞게 된 것이다.

# 시의 묘미

-

## 역설과 반어

시 창작의 기술 중에 또 하나 빼놓을 수 없는 것이 바로 역설과 반어적 표현이다. 다른 문학 장르는 설명하고 이해시켜야 한다. 그러나 시는 그것을 뛰어넘어 감동의 여진을 줄 수 있어야 한다. 그래서 독자들이 똑같은 시를 읽더라도 매번 새롭게 다가온다.

나 보기가 역겨워

가실 때에는

말없이 고이 보내 드리우리다.

영변寧邊에 약산藥山

진달래꽃

아름 따다 가실 길에 뿌리우리다.

가시는 걸음걸음

놓인 그 꽃을

사뿐히 즈려밟고 가시옵소서.

나 보기가 역겨워

가실 때에는

죽어도 아니 눈물 흘리우리다.

_ 김소월, 〈진달래꽃〉

  위의 시에서 만약 시적 화자가 "나 보기가 역겨워 가실 때에 끝까지 임을 붙잡겠습니다"와 같은 식으로 표현했다면 시적 감동과 감흥은 반감되었을 것이다. 그러나 오히려 시적 화자는 "말없이 고이 보내 드리우리다"라고 역설과 반어적으로 표현한다.

  더 강한 역설로 임이 가실 길에 진달래꽃을 뿌릴 뿐만 아니라 사뿐히 즈려밟고 가시라고 표현한다. 그리고 자신은 죽어도 아니 눈물 흘리겠다고 말한다. 독자들은 이 마지막 행의 역설과 반어에서 울컥하는 감동을 경험한다. 이것이 바로 시 창작의 묘미, 역설과 반어다.

이어령 교수의 〈어느 무신론자의 기도 1〉이라는 시는 제목부터 역설과 반어. 무신론자가 어떻게 기도할 수 있겠는가? 참으로 역설과 반어의 미가 탁월하게 빛나는 시다. "당신의 제단에 꽃 한 송이 바친 적이 없으니 절 기억하지 못하실 겁니다"라고 역설적으로 이야기함으로써 시적 자아의 호흡이 더 절실하게 다가온다.

모래알만 한 별이라도 만들게 해 달라고, 아니 조그만 반딧불이라도 가슴에 있었으면 좋겠다고, 낮은 목소리로 고백하는 시인은 때 묻은 손으로 당신의 성스러운 옷자락을 만져봐도 되겠느냐고 말한다. 역설과 반어적 표현들이 시인의 진실과 사랑을 더 선명하게 드러내고 있다.

나는 그늘이 없는 사람을 사랑하지 않는다
나는 그늘을 사랑하지 않는 사람을 사랑하지 않는다
나는 한 그루 나무의 그늘이 된 사람을 사랑한다
햇빛도 그늘이 있어야 맑고 눈이 부시다
나무 그늘에 앉아
나뭇잎 사이로 반짝이는 햇살을 바라보면
세상은 그 얼마나 아름다운가

나는 눈물이 없는 사람을 사랑하지 않는다

나는 눈물을 사랑하지 않는 사람을 사랑하지 않는다

나는 한 방울 눈물이 된 사람을 사랑한다

기쁨도 눈물이 없으면 기쁨이 아니다

사랑도 눈물 없는 사랑이 어디 있는가

나무 그늘에 앉아

다른 사람의 눈물을 닦아주는 사람의 모습은

그 얼마나 고요한 아름다움인가

_ 정호승, 〈내가 사랑하는 사람〉

사람들은 일반적으로 '햇빛'을 긍정적 이미지로, '그늘'을 부정적 이미지로 본다. 그런데 위 시의 화자는 그늘이 없는 사람을 사랑하지 않는다는 것이다. 왜냐하면 그늘이 없는 사람은 남의 아픔을 모르기 때문이다. 사람이 고통을 당하고 고난을 당할 때 비로소 그늘이 생기는 걸 느낀다.

그리고 그 그늘을 통해서 눈물을 알고 겸손을 알게 된다. 아니 그 그늘을 통해서 다른 사람의 그늘을 인정하고 격려하며 위로할 수 있다. 그러나 인생의 그늘을 모르고 진정한 고통과 아픔을 모르는 사람은 남에게 날마다 직선의 언어만 구사하며 올곧은 말만 주장한다. 햇빛과 그늘, 기쁨과 눈물을 대조하는 역설을 통해서 주제를 더 선명하게 드러내고 있다.

안도현의 〈사랑〉이라는 시를 보면, 매미의 울음소리를 역설적 반어로 시화시켰다. 사람들은 여름 하면 매미 울음소리를 생각한다. 이것을 그대로 표현하면 통속적인 시가 된다. 그런데 역설과 반어적 표현을 하면, 여름이 더워서 매미가 우는 것이 아니라 매미가 울어서 여름이 뜨거운 것으로 재창조된다. 반어적 표현을 통하여 인간의 열정과 꿈, 사랑의 뜨거움을 더 강렬하게 보여 준다.

안도현의 〈바람이 부는 까닭〉이라는 시도 역설적 반어 기법을 보여 준다. 바람이 왜 분다고 생각하는가? 시인의 눈으로 보았을 때 바람이 부는 까닭은 미루나무 한 그루에 달린 수천, 수만 장의 나뭇잎들이 몸을 뒤집었다 엎었다 하기 때문이다. 나뭇잎들이 몸을 뒤집었다 엎었다 하면서 공기의 파동을 일으키고 그 작은 파동이 모여서 큰 바람을 일으킨다는 것이다.

그런데 시는 여기서 끝나지 않는다. 어느새 시인 자신이 한 그루의 미루나무가 되어 서 있다. 그리고 자신이 바람을 일으켜 세상을 흔들려고 하고 있다. 그리고 독자들에게 제안한다. "세상을 흔들고 싶거든 자기 자신을 먼저 흔드세요. 저 미루나무에 달려 있는 수천, 수만 장의 나뭇잎들이 몸을 흔들어 바람을 일으키듯이, 세상을 흔들기 위해서는 여러분 자신을 먼저 흔들어 보세요."

내가 바람을 일으키든, 타인이 바람을 일으키든, 바람은 흔들기 위해서 부는 것이다. 바람은 어느 곳에도 머물지 않는다. 그냥 우리를 흔들어 놓고 지나간다. 이처럼 시인은 사람들이 전혀 생각하지 못하는 역설과 반전의 시선을 가져야 한다.

도종환의 〈흔들리며 피는 꽃〉이라는 시는 바람에 흔들리고 비에 젖으며 피어나는 꽃의 이미지를 역설적 반어 기법으로 표현하였다. 사람도 마찬가지로 흔들리지 않고 비에 젖지 않고 살아가는 인생이 어디 있겠는가. 내 의지와 상관없이 바람이 불었는데 어떻게 안 흔들릴 수 있겠는가. 바람이 불어오는데 흔들리지 않는 삶이 어디 있겠는가. 시인은 역설, 반어 기법을 통하여 삶의 서정적 애상을 보여 준다. 꽃도 꽃이 피기 전에 더 많이 흔들리는 것처럼, 인생도 꽃이 필 무렵에 많이 흔들리게 되어 있다. 시는 누구나 생각할 수 있는 뻔한 격언이나 교훈이 아니라 누구도 생각지 못한 시인 자신만의 사고를 통한 언어로 표현되어야 한다.

꽃잎은
바람에 흔들려도
바람을 사랑합니다
꽃잎은

찢기고 허리가 구부러져도

바람을 사랑합니다

누구도 손 내밀지 않고

아무도 다가오지 않은 적막의 시간

바람은

꽃잎을 찾아왔습니다

별들의 이야기를 속삭이고

나뭇잎 노래를 들려주고

애틋이 어루만져 주었습니다

밤이 깊어도

아침이 밝아도

꽃잎이 모두 져 버려도

꽃잎은

바람을 사랑합니다

그래서 바람이 불면 꽃잎이 떨어집니다.

_ 소강석, 〈꽃잎과 바람〉

꽃잎과 바람은 서로 애증의 관계일 수 있다. 왜냐하면 바람이 불면 꽃잎은 떨어질 수밖에 없기 때문이다. 그러나 바람이 다가오지 않으면 꽃잎은 별들의 이야기를 들을 수 없고 나뭇잎의 노래도 들을 수 없다. 누구의 손길도 느낄 수 없다.

그래서 꽃잎은 바람에 흔들려도 바람을 사랑한다. 아니, 바람이 불면 기꺼이 꽃잎을 떨어뜨린다. 꽃잎과 바람의 역설적 사랑과 그리움을 반어적 기법으로 표현했다.

> 오늘도 나는 너에게 간다
> 그러나 너는 나를 모른다
> 너에게 가는 나만이 아는 길을 걸으며
> 너는 모르는
> 나만의 기억을 떠올린다
> 바람이 불고 비가 내리고
> 햇빛이 쏟아지는
> 너의 창가에는
> 나만이 아는 노래가 흐르고 있다
> 너에게 가는 길은
> 나만이 알기에
> 너에게 가는 길은 아무도 모른다.
> _ 소강석, 〈너에게 가는 길〉

위의 시는 역설과 반어로 이어진다. 나는 너에게 가는데 너는 나를 모른다. 너에게 가는 길은 나만 알고, 너에 대한 기억 역시 나만 소유하고 있다. 그래서 너의 창가에는 나만이 알고 있는 바람과 비와 햇빛이 있고 노래가 흐르고 있다. 너에게 가는 길은 나만 알기에 아무도 모른다. 계속 이어지는 역설과 반전을 통하여 시적 화자의 너를 향한 사랑과 그리움의 채도를 더 높이고 있다.

    홀로 타오를 수 없습니다
    장작개비가 되어 내 곁으로 와 주세요

    나는 당신을 품에 안고
    바람을 기다립니다

    당신은
    바람이 불면 재가 될 줄 알면서도
    내 품에 안긴 채
    바람을 기다립니다

    나는 불
    당신은 어느 겨울 숲에서 꺾여
    내게로 온 장작개비
    난 당신의 차가운 몸을 껴안고
    바람을 기다립니다.

_ 소강석, 〈불의 사연〉

불은 홀로 타오를 수 없다. 장작개비가 있어야 타오른다. 그러나 역설적으로 장작개비는 바람이 불면 불이 붙고 재가 되어 사라진다. 시 속의 장작개비는 자신이 재가 되어 사라질 줄 알면서도 불의 품에 안긴 채 바람을 기다린다. 장작개비를 가슴에 품고 바람을 기다리는 불의 사연이 애달프다. 이처럼 시적 기교에서 역설과 반어를 잘 묘사하면 오히려 무난한 사랑과 그리움의 고백보다 더 진한 감동을 불러일으킬 수 있다.

## 시의 형식

-

운율과 문체

　시는 운율이 생명이다. 현대 시의 경향이 아무리 자유시, 해체시를 표방한다고 해도 시는 본질적으로 운율성이 있어야 한다. 그리고 시의 문체는 운율과 함께 연과 행이라는 기본적 구조를 갖추어야 한다. 그런데 지나치게 시의 형식을 파괴하고 운율을 무시하는 경우가 있다. 그러한 시는 본질적인 측면에서 보았을 때 결코 좋은 시라고 할 수 없다. 그러므로 시 창작을 하려면 시의 형식인 운율과 문체를 잊지 않아야 한다.

　서정주의 〈뻐꾹새 소리뿐〉은 인간의 유한성에 절망하지만 동시에 그 내면의 종교성이 아름다운 시이다. 시는 그리움으로 가득 차 있으며, 그 외로움은 삶의 근원 혹은 원형으로 향한다. 〈뻐꾹새 소리뿐〉이라는 시는 정말 아름답기도 하지만, 종교성이 아주 짙게 스며들어 있고 영원을 사모하는 시이기도 하다. '뻐꾹새 소리뿐'이라는 구절이 계속 반복되면서 노래처럼 운율감을 주고 있다.

    이대로 떨어져 죽어도 좋다
    떨어져 산산이 흩어져도 좋다
    흩어져서 다시 만나 울어도 좋다
    울다가 끝내 흘러 사라져도 좋다

    끝끝내 흐르지 않는 폭포 앞에서
    내가 사랑해야 할 때가 언제인가를
    내가 포기해야 할 때가 언제인가를
    말할 수 있는 자는 누구인가

    나는 이제 증오마저 사랑스럽다
    소리 없이 떨어지는 폭포가 되어
    눈물 없이 떨어지는 폭포가 되어
    머무를 때는 언제나 떠나도 좋고
    떠날 때는 언제나 머물러도 좋다

_ 정호승, 〈폭포 앞에서〉

  위의 시를 보면 '죽어도 좋다', '흩어져도 좋다', '울어도 좋다', '사라져도 좋다' 등이 반복되면서 일정한 운율을 형성하고 있다. '내가 사랑해야 할 때가 언제인가를', '내가 포기해야 할 때가 언제인가를' 등이 반복되면서 하나의 노래를 연상케 한다. 이처럼 시에는 운율과 시적 문체가 중요하다.

나를 가시로 찔러도 좋아요
부디 날 잊지만 말아 주세요

나를 꺾고 베어도 좋아요
제발 날 버리지만 말아 주세요

나를 밟고 비벼도 좋아요
꼭 날 떠나지만 말아 주세요

당신이 찌르고 베고 밟고 비벼도
내가 또 피고 피면 되잖아요

당신이 내 곁에 있는 한

난 여전히 물망초

내 삶이 하나이듯 사랑도 하나
물망초는 오직 당신을 사랑할 뿐입니다.
_ 소강석, 〈물망초〉

'좋아요', '말아 주세요', '되잖아요' 등을 반복하면서 운율적 문체로 표현했다. 그래서 위의 시는 실제로 가곡으로 작곡되어 상당히 많이 불렸다. 이처럼 시는 그 자체에 노래의 리듬이 있어야 한다. 시 자체만으로도 노래가 될 수 있을 정도로 운율과 시적 문체를 갖추어야 한다.

# 시의 진화

### 모방과 창작

　아리스토텔레스는 예술을 모방으로 본다. 따라서 모방 충동이 예술을 창작하는 원동력이 된다는 이론이다. 아리스토텔레스는 《시학》 4장에서 다음과 같이 말한다. "시 창작은 사람의 모방성에서 시작한다. 사람의 모방 본능은 어린아이 시절부터 본능적으로 있다. 그리고 사람이 동물과 다른 점은 사람은 가장 모방적인 동물이며 최초의 지식은 모방을 통하여 이루어진다는 것이다. 그래서 모방을 통해서 즐거움을 누리는 것 또한 사람의 본능이다." 시 창작도 마찬가지다. 다른 사람의 좋은 시를 모방해서 써 보면 어느새 자기 자신만의 새로운 색깔을 창조할 수 있다.

아무 말도 하고 싶지 않고

아무 말도 듣고 싶지 않은 밤

가을을 재촉하는 비를 맞으며 오른 산

어둠 속에서 빗소리와 함께 들리는 풀벌레 소리

괜찮아, 괜찮아, 괜찮아…

어느새 뜬금없이 나타난 달빛도, 별빛도

괜찮아, 괜찮아, 괜찮아…

_ 소강석, 〈풀벌레 1〉

위의 시는 서정주의 〈내리는 눈발 속에서는〉이라는 시에서 "괜찬타, … / 괜찬타, … / 괜찬타, … / 괜찬타, … // 끊임없이 내리는 눈발 속에서는 / 산도 산도 청산도 안끼어드는 소리. …"라는 부분을 차용하여 쓴 시이다. 어느 가을 밤 산행을 하다 풀벌레 소리를 듣는데 서정주 시인의 "괜찬타, … / 괜찬타, … / 괜찬타, … / 괜찬타, …"라는 시구절이 떠올랐다. 그때 떠오른 시상을 시적 모방을 통하여 표현한 시다.

벚꽃잎 떨어져 흩날리면

봄날이 줄어든 게 아니지

나의 사랑이 그만큼 차올랐던 거야

봄에만 사랑을 하는 건가
여름이 되면 더 사랑이 무르익는 거지
나의 살날이 짧아진지 모르겠으나
나의 사랑은 더 성숙하고 무르익어 가는 거야.

_ 소강석, 〈벚꽃〉

위의 시는 두보의 〈곡강曲江〉에서 "꽃잎 하나 떨어져도 봄빛이 줄어드는데一片花飛減却春(일편화비감각춘)"라는 표현을 차용하여 벚꽃 지는 날의 애상을 묘사하였다. 비록 세월이 흐르고 꽃도 지고 삶의 나날은 짧아져 가지만 더 성숙하게 무르익어 가는 사랑을 노래한 시다.

산에서 호랑이가 사라진 순간
산은 푸른 산이 아니지
다람쥐, 고라니, 산새들 노니는 동산이나
사람들 드나드는 정원일 뿐이지
호랑이가 있어야 산에 폭풍이 몰아치고
북극의 별들도 찾아온다
우리 마음속에 호랑이 한 마리 없으니
다람쥐가 도토리를 갉아 먹고
멧돼지가 날뛰고 산새들이 재잘거리지

마음속에 포효하는 호랑이 한 마리 키워야

진짜 푸른 산이 된다는 것을 모르는 사람은

아직 청춘의 뜨거운 사랑을 모르지

나 역시 마음속 푸른 산의 호랑이를 위하여

바위 위에 올라 별을 바라본다.

_ 소강석, 〈호랑이를 위하여〉

위의 시는 정호승의 〈고래를 위하여〉라는 시에서 착안하여 야생의 호랑이가 사라진 시대를 바라보면서 우리 마음속에 포효하는 호랑이 한 마리가 있어야 푸른 산을 이루고 청춘의 뜨거운 사랑을 잃지 않을 수 있다는 시상을 묘사하였다.

이 시대의 감성 언어의 연금술사라 할 수 있는 정호승 시인의 감각적 시를 모방하여 새로운 시상과 관점의 언어로 창작해 본 것이다. 시는 백지상태에서 전혀 새로운 언어로 그림을 그릴 수도 있으나 기존의 시적 언어와 이미지 속에서 모방을 하여 자신만의 새로운 창작을 할 수도 있다.

처음부터 훌륭한 시를 쓰는 사람은 없다. 처음에는 좋은 시인의 시를 필사해 보면서 시의 느낌을 익히고 점점 자신만의 색깔을 갖추어 가면 된다. 분명한 것은 모방이 흉내와는 다름을 알아야 한다. 창조적 모방을 하다 보면 훔침의 단계에 오른다.

# 시의 진실

#### 체험과 해석

 시는 머리로 쓰는 것이 아니라 가슴으로 쓴다는 말이 있다. 그만큼 시에는 시적 화자의 삶의 체험과 해석을 통한 진실이 담겨 있어야 한다. 아무리 현란한 수사와 기교, 은유가 화려하게 펼쳐져 있어도 그 안에 시인의 체험을 통한 진실이 느껴지지 않으면 독자는 뒤로 물러난다.
 시는 머리로 쓰는 단계, 가슴으로 쓰는 단계, 몸(삶)으로 쓰는 단계가 있다고 말한다. 시는 삶의 현장 속에서 온몸으로 부딪치며 쓰는 것이다. 그것이 슬픔이든, 행복이든, 사랑과 분노든, 자신이 직접 목격하고 체험한 것을 가슴과 머리로 재해석하여 표현한다.

어떤 아주머니 한 분
두 어린 자녀와 함께
깊은 저녁에
찜질방 한구석에서 자고 있어요

예닐곱 살 정도 된 어린아이가
엄마의 등을 주물러 주네요
얇고 하얀 소라 껍질 같은 조그만 손으로
한쪽으로 기운 엄마의 지친 어깨를 주물러 주는
모자의 그림이
고독한 고흐의 그림처럼 다가와
눈시울이 뜨거워집니다

이 밤에 당신의 남편은 어디 가고
저 어린아이들만 데리고 이곳에서 잠이 들려 하오

인생은 얼마나 힘이 들고
혼자 지기엔 짐이 얼마나 고달픈가
어린 송아지를 뒤에 두고
수레를 끄는 어미 소처럼
당신은 이제야 목에 메인 멍에를 풀려고 하는가 보오

당신이 나의 성도라면
다가가 손이라도 한번 잡아 주고
기도해 주련만
찜질방에서의 나는
목사이기 전에 한 남자일 뿐

나는 아무것도 할 수 없어
한쪽 구석에서 그냥 울고 옵니다.
_ 소강석, 〈어느 모자의 초상〉

  어느 날 찜질방에 갔을 때 엄마와 아들이 함께 앉아 있는 모습을 보고 문득 떠오른 생각을 시로 표현했다. 아빠가 있었으면 더 행복하게 보였겠지만, 왠지 엄마와 아들만 앉아 있는 모습이 처량하고 쓸쓸하게 보였다. 이처럼 자신의 눈에 목격된 세상의 갖가지 모습을 가슴과 머리로 재해석하여 표현하면 된다. 그럴 때 독자에게 시인의 진실이 전달된다.

집을 나서는데
가을비 몇 방울 바닥 위에 떨어진다
수요일 밤엔 늘 비가 내렸던가
오늘도 저녁에

달빛을 찾으려고 죽현산을 걸어야겠다

잠든 별들 깨워 말도 걸고

나뭇잎들과 이별하기 시작하는

가을 나무도 쓰다듬어 주고

밤새 홀로 있을

나무 의자에 앉아

땅바닥에 시를 써야겠다

가을비는

그냥 혼자 내리게 해서는 안 되는 것이니까.

_ 소강석, 〈가을 3〉

 

나는 산을 좋아한다. 그런데 워낙 바쁜 일정을 보내다 보니 산에 갈 시간이 없다. 기껏해야 교회 근처인 죽현산이나 대지산, 불곡산을 오르는 것이 전부다. 그런데 산을 오르면 얼마나 정신이 맑아지는지 모른다. 그 푸른 숲속에 앉아 있으면 온몸의 세포가 깨어나고 눈이 맑아진다. 그리고 시가 찾아온다.

위의 시 역시 가을 산행을 할 때 찾아온 시다. 독자는 시인의 진솔한 삶의 체험을 통한 고백적 시를 읽으며 진실한 마음을 느낀다. 시에는 대중 앞에서 우렁찬 목소리와 달변으로 연설하는 웅변가의 목소리도 있어야 하지만, 어떨 때는 사랑하는 사람을 앞에 두고 낮게 속삭이는 세밀한 감성도 있어야 한다. 그것이 다른 문학 장르가 갖지 못하는 시의 감동이다.

아버지를 생각하는 나의 유년의 뜰엔
항상 함박눈이 내리고 있습니다
어린 시절 술만 드시면 포악해지는 아버지
어머니를 향한 무서운 호통 소리가
어린 가슴을 조여들게 하였지만
어머니를 지켜 주고 싶었지요
아버지의 손을 잡고 별 아양을 다 떨어도
내심으론 아버지를 증오하였습니다
그토록 증오하면서도 어머니를 위해
밤새 아버지 옆에서 거친 손을 잡고 잠들어야 했던
어리고 슬픈 소년
그러다가 함박눈이 내리던 새벽녘
소년의 몸이 불덩이가 되었을 때
아버지는 아들을 등에 업고
눈길을 단숨에 달려
이웃 마을의 간이 약방에 도착해서야
아들을 내려놓고 급한 숨을 몰아쉬셨지요
소년은 지금 그 아버지의 나이를 지내면서

눈 내리는 날의 아버지와 시선을 마주합니다
허리가 휘도록 키우고 애끓는 심정으로 뒷바라지를 해 주어도
부부싸움을 하면 언제나 엄마 편이 되어 버리는
내 아이들을 바라보며 나는 이제야 아버지 편이 되어 봅니다
오늘도 나의 눈앞에는
아버지께서 함박눈을 맞은 모습으로
말없이 서 계십니다.

_ 소강석, 〈눈 내리는 날의 아버지〉

어린 시절 나의 아버지는 너무 엄한 아버지였다. 내가 할머니 말을 안 들어 할머니가 아버지에게 고자질하실 때는 아버지가 얼마나 버럭버럭 소리를 지르셨는지 모른다. 작대기로 때릴 때도 있었다. "이놈의 자식이 할머니 말씀을 잘 들어야지!"

그런 아버지는 술을 드시고 들어와서 어머니와 밤새도록 싸우셨다. 과거 작은아버지 일로 싸우신 것이다. 그러면 할머니도 안 말릴 뿐만 아니라, 형들과 누나들도 안 말리고 내가 말렸다. 그런데 어느 날은 잠 못 자고 아버지와 어머니가 싸움을 못 하시도록 지키다가 새벽녘이 되어 나의 온몸이 불덩이가 된 적이 있었다. 사타구니에 가래톳이 생기고 머리가 빙글빙글 돌았다. 누워 있어도 천정이 꺼질 것 같았다.

그때 그렇게 엄하시던 아버지가 눈 내리는 겨울 새벽, 수북이 쌓인 눈길 위로 2킬로가 넘는 곳에 있는 약방으로 나를 업고 가신 적이 있었다. 그래서 아버지라는 존재는 참 대단하다. 지금도 눈 내리는 날은 아버지가 나를 업고 가는 그 환영이 떠오를 때가 있다. 위의 시는 낯설게하기, 함축이나 은닉, 역설과 반어, 이미지화 등의 시적 기교가 들어가 있는 시는 아니지만 인생의 진솔한 고백이 들어가 있는 것만으로도 아름다운 서정시의 모형을 갖추고 있다.

충북 옥천군 안내면 할머니들의 《알랑가 몰라》라는 시집이 출판된 적이 있다. 평생을 까막눈으로 살아왔던 할머니들이 글을 배운 이야기다. 이분들이 글을 배우고 나니까 너무 좋고, 까막눈이 열리는 순간 너무너무 행복했다는 것이다. 이 할머니들이 고백하기를, 글을 몰라서 너무나 힘들게 살아왔다는 것이다. 그런 할머니들이 마침내 글을 배우고 쓴 시들이 소개되면서 독자들에게 큰 울림을 주었다.

또한 여든이 넘어 글을 배운 칠곡 할머니들의 시가 중학교 1학년 국어 교과서에 수록이 되기도 하였다. 이원순의 〈어무이〉, 강금연의 〈처음 손잡던 날〉, 소화자의 〈시가 뭐고〉, 이분수의 〈나는 백수라요〉, 권영화의 〈옆자리 친구〉 등의 시는 한평생 온갖 세파를 헤치며 살아온 할머니들의 인생이 녹아들어 있어 잔잔한 감동을 준다.

솔직히 전문적인 시 이론으로 보면 부족한 면이 많다. 문학성이나 이미지, 낯설게하기 등과는 거리가 멀다. 그러나 문학적 이론이나 기교로만 봐서는 안 된다. 팔십이 넘어 글을 배워서 쓴 순수함과 오랜 세월을 견디며 살아온 인생의 체험과 해석이 담겨 있기 때문이다.

# 시의 성격

-

## 콜라 같은 시, 물 같은 시

사람들은 콜라를 좋아한다. 그러나 콜라는 계속해서 마실 수 없다. 순간적인 미각의 만족은 줄 수 있을지 모르지만, 진정한 목마름을 해소해 주지 못한다. 시도 마찬가지다. 콜라와 같은 시가 있고, 물과 같은 시가 있다. 물과 같은 시는 순간적인 충격과 감각은 조금 덜할지 모르지만, 독자들의 가슴에 오랫동안 간직되며 진정한 카타르시스를 제공한다.

그대는 내 사랑
당신을 보면 길을 떠나고 싶었습니다
당신을 떠나 보면

당신이 더 그리워지기 때문입니다

때로는

연인처럼

때로는

이방인처럼

때로는

이별한 사람처럼

당신 앞에

나는 언제나 다른 사람이 되어

그대를 새롭게 만나

새로운 사랑을 만들고 싶었습니다

그대는 내 사랑

언제나 처음으로 만나는 사랑

_ 익명, 〈그대는 내 사랑〉

위의 시는 콜라와 같은 시라고 볼 수 있다. 무언가 달콤하고 쉽게 다가온다. 분명 이런 시의 장점도 있는 것이 사실이다. 그러나 시인의 농축된 고뇌와 진정성의 언어가 없다. 그래서 깊은 울림이 없다. 한 번 읽기는 편하지만, 진한 감동의 여운이 없다. 그리고 자연스러움을 넘어서는 창작성도 없다.

내 눈을 감기세요. 그래도 나는 당신을 볼 수 있습니다.
내 귀를 막으세요. 그래도 나는 당신의 음성을 들을 수 있습니다.
발이 없어도 당신에게 갈 수 있고
입이 없어도 당신의 이름을 부를 수 있습니다.
내 팔을 꺾으세요, 나는 당신을 가슴으로 잡을 것입니다.
심장을 멎게 하세요, 그럼 나의 뇌가 심장으로 고동칠 것입니다.
당신이 나의 뇌에 불을 지르면,
그때는 당신을 핏속에 실어 나르렵니다.
_ 라이너 마리아 릴케, 〈살로메에게 바치는 시〉

위의 시는 물과 같은 시다. 똑같이 사랑을 주제로 한 시이지만, 시인의 진정성과 절박한 감정이 시 속에 농축되어 있다. 그리고 물 흐르듯이 쉽고 편하게 읽힌다. 그러면서도 우리의 뇌리에서 떠나지 않는 감동의 여운을 남긴다.

서정주의 〈무슨 꽃으로 문지르는 가슴이기에 나는 이리도 살고 싶은가〉라는 시는 사람들을 유미적 시적 언어의 세계로 인도한다. "무슨 꽃으로 문지르는 가슴이기에 나는 이리도 살고 싶은가." 얼마나 아름답고 멋진 표현인가. 영혼의 사랑과 목마름을 해갈해 주는, 아무리 마셔도 질리지 않는 생수와 같은 시다.

안도현의 〈가을 엽서〉에서 시의 화자는 떨어지는 낙엽을 가을 엽서로 보았고, 그 가을 엽서는 낮은 곳에서만 볼 수 있는 사랑으로 표현했다. 어떤 현란한 수사나 작위적 강요가 없다. 그저 떨어지는 낙엽을 바라보는 시인의 순수한 마음을 담담히 고백한다. 시는 상대방을 압박하거나 부담감을 주는 설득이나 교훈이 아니다. 오히려 사람들의 마음의 문을 열어 주고 상상의 나래를 펼치게 해 주는 낮고 다정한 질문이 되어야 한다.

 너의 상처를 내게로 가져오면 꽃이 되고
 너의 눈물을 내게로 가져오면 진주가 되고
 너의 한숨을 내게로 가져오면 노래가 되리니
 아무리 힘들어도 너를 버리지 마라
 피투성이가 되었더라도
 너를 끌어안고 내게로 오라
 세상이 너를 버렸을지라도
 나는 너를 꽃처럼 껴안고
 이 추운 밤을 지나
 봄날의 아침을 맞으리니.
 _ 소강석, 〈꽃과 예수〉

위 시의 제목은 〈꽃과 예수〉이지만 어떤 종교적 언어나 교훈적 서술, 작위적 과잉을 하지 않는다. 상처, 눈물, 한숨을 꽃, 진주, 노래로 환치한다. 피투성이가 되었더라도 내게 오면 너를 꽃처럼 껴안고 추운 밤을 지나 봄날의 아침을 맞으리라 노래하고 있다. 시는 드러내지 않지만 그 어떤 것보다 선명하게 보이고, 강요하지 않지만 그 어떤 설득보다 위로가 되고 힘이 되어야 한다. 그럴 때 마시고 또 마셔도 질리지 않고 힘이 되는 샘물 같은 시가 된다.

   내 마음 강물 되어 흐르고 있습니다
   멈추라 하여도 흘러야만 합니다
   보냄을 아쉬워 않고 돌아옴을 반기지 않고
   다시 옴을 그리워하지도 않습니다
   멈추지 않고 흐르는 것만이 행복이고 기쁨인 것을
   흐르고 또 흐릅니다
   미움도 원망도 슬픔도 고통도 고일 길이 없어서
   흐르고 흘러가고 있습니다
   멈추고 붙잡는 것이 속절없는 것을
   흘러야 행복인 줄 알기에 끊임없이 흘러갑니다
   _ 소강석, 〈내 마음 강물 되어〉

신학생 시절에 진심으로 존경하는 목사님이 계셨다. 그래서 나는 만나는 사람마다 그분을 자랑했다. 그리고 어떤 사람이 그분에 대해 험담하면 오히려 더 크게 소리를 내며 그분을 지켜 드리고 싶었다.

그런데 어느 날, 어떤 분이 그분을 찾아가 이렇게 물었다. "소 목사가 어떤 사람인가요?" 내가 개척한 교회가 건축을 앞두고 있을 때였는데, 우리 교회에 큰 헌금을 하느냐 마느냐를 결정하려고 찾아갔던 것이다. 그때 그분이 이렇게 대답한 것이다. "나는 소강석이를 잘 모르오. 솔직히 나는 그가 어떤 사람인지 잘 모르겠소."

이 말이 나에게 들리는 순간 나의 가슴은 청천벽력처럼 무너져 내렸다. '나는 그분을 얼마나 존경했는데, 나는 그분을 얼마나 신뢰하고 따랐는데…. 왜 그분은 나를 모른다고 하셨을까? 왜 나를 신뢰할 수 없다고 말씀하셨을까?'

이 상처가 너무나 오래가고 사라지지 않는 것이다. 그래서 "목사님, 왜 그러셨느냐"고 찾아갈까도 싶었다. 그러나 그것이 그 어른에게도 상처가 되고 나에게도 상처가 될까 봐 찾아가지 못했다. 그 상처는 내 마음의 응어리가 되고 가슴에 피가 굳을 정도였다.

시간이 흘러 그분이 천국에 가셨다. 나는 제일 먼저 장례식장으로 달려갔다. 그리고 그분의 영정사진 앞에서 하염없이 흐르는 눈물을 주체할 수가 없었다. 아무리 닦고 닦아도 눈물이 계속 흘렀다.

"목사님, 왜 그러셨어요? 왜 그때 저를 모른다고 하셨어요? 그때, 지금은 볼품없지만 소강석의 장래성은 내가 확실하게 보장한다고 한마디만 해 주셨으면 좋았을 텐데, 왜 저를 모른다고 하셨어요?"

나는 끝까지 빈소를 지켰고 발인예배까지 참석하였다. 세월이 흘러 어느 날 강가에 서서 흐르는 강물을 보는데 위의 시구절이 떠올랐다. 정말 그렇다. 아무리 미움과 상처가 있더라도, 내 마음이 강물 되어 흘러가면 되는 것이다. 그런데 그것을 흘려보내지 못하니까 그것이 상처가 되고 아픔이 되는 것이다.

미움도 원망도 슬픔도 고통도 그냥 강물처럼 흘려보내면 되는 것이다. 그것들을 붙잡고 있으면 속절없고 덧없을 뿐이다. 그리고 어느 날 바닷가에 서서 이 시를 생각하니 선율이 떠올라서 〈내 마음 강물 되어〉라는 노래도 작곡하였다. 이 노래를 몇 번 부르고 나니까 가슴에 응어리가 다 녹아 흘러 버리는 것을 느낄 수 있었다. 이처럼 삶의 진솔한 체험과 고백이 내재된 시는 강물이 되어 사람들의 마음을 씻어 주고 위로해 준다.

# 시의 혼

-

## 시대적 소통과 가교

  시인은 하늘의 뜻을 나팔 부는 사명자이다. 시인을 상商나라에선 정인貞人(곧은 사람)이라 했고, 《시경》에서는 축祝(기도)이라고 했으며, 그리스에서는 시를 신탁神託이라 했고, 시인은 영매靈媒라고 했다. 신의 뜻을 전하는 사자使者라는 뜻이다. 나는 이것을 시대와 사람, 사람과 역사를 연결하는 고리라고 표현하고 싶다.

  우리나라도 개화기나 일제 강점기의 시를 보면 그 시대의 언어와 혼이 있다. 시인들은 역사의 암흑 속에서 고뇌와 번민의 밤을 보내며 한 줄 한 줄 시대의 혼을 담은 시를 지었다. 그들의 혼이 담긴 시는 시대를 위로하고 상처를 싸매어 주는 문학적 치유 역할을 했다.

지금도 마찬가지다. 시인은 시대를 바라보는 혼이 있어야 한다. 그러다 보면 나에게만 보이는 역사적 직관과 통찰력이 생긴다. 그 역사적 통찰력을 기초로 하여, 개인의 사변적 시를 뛰어넘어 시대와 소통하는 역사적 시를 쓸 수 있다. 그리고 그 시인의 시는 대중과의 가교 역할을 하게 된다. 시인은 깊은 혜안으로 미래를 통찰하는 예언자이며 선지자와 같다. 그러므로 시인에게는 시대와 역사를 대변하고 이끌어 가는 예언자적 책무가 있다.

울 밑에 선 봉선화야 네 모양이 처량하다
길고 긴 날 여름철에 아름답게 꽃 필 적에
어여쁘신 아가씨들 너를 반겨 놀았도다
_ 가곡 〈봉선화〉(김형준 작사, 홍난파 작곡) 중에서

위의 시는 일제하에 고통받는 우리 민족의 애환과 서러움을 '울 밑에 선 봉선화'로 표현했다. 특별히 이 시는 우리말로 노래를 부르지 못하게 강압을 받던 일제 식민지 시절에 독립운동가들과 국민들에게 애창됨으로써 민족혼과 희망을 불어넣어 주는 가교 역할을 했다.

지금은 남의 땅 — 빼앗긴 들에도 봄은 오는가?

나는 온몸에 햇살을 받고
푸른 하늘 푸른 들이 맞붙은 곳으로
가르마 같은 논길을 따라 꿈속을 가듯 걸어만 간다.

입술을 다문 하늘아 들아
내 맘에는 나 혼자 온 것 같지를 않구나
네가 끌었느냐 누가 부르더냐 답답워라 말을 해 다오.

바람은 내 귀에 속삭이며
한 자국도 섰지 마라 옷자락을 흔들고
종다리는 울타리 너머 아씨같이 구름 뒤에서 반갑다 웃네.

고맙게 잘 자란 보리밭아
간밤 자정이 넘어 내리던 고운 비로
너는 삼단 같은 머리를 감았구나 내 머리조차 가뿐하다.

혼자라도 가쁘게나 가자
마른 논을 안고 도는 착한 도랑이
젖먹이 달래는 노래를 하고 제 혼자 어깨춤만 추고 가네.

나비 제비야 깝치지 마라
맨드라미 들마꽃에도 인사를 해야지
아주까리 기름을 바른 이가 지심 매던 그 들이라 다 보고 싶다.

내 손에 호미를 쥐어 다오
살진 젖가슴과 같은 부드러운 이 흙을
발목이 시도록 밟아도 보고 좋은 땀조차 흘리고 싶다.

강가에 나온 아이와 같이
짬도 모르고 끝도 없이 닫는 내 혼아
무엇을 찾느냐 어디로 가느냐 웃어웁다 답을 하려무나.

나는 온몸에 풋내를 띠고
푸른 웃음 푸른 설움이 어우러진 사이로
다리를 절며 하루를 걷는다 아마도 봄 신령이 지폈나 보다.

그러나 지금은 ― 들을 빼앗겨 봄조차 빼앗기겠네.
_ 이상화, 〈빼앗긴 들에도 봄은 오는가〉

이상화의 이 시는 대표적인 항일 저항시로 꼽힌다. 빼앗긴 조국을 되찾고 싶어 하는 시인의 강렬한 마음이 남성적인 어조로 장엄하게 표현되었다. 〈봉선화〉가 여성적인 시라면, 〈빼앗긴 들에도 봄은 오는가〉는 남성적인 시라고 할 수 있다. 광야 위에서 세찬 바람을 맞으면서도 결코 물러서지 않고 빼앗긴 봄을 기다리는 시인의 강인한 음성을 통해 절망과 패배감 속에 살아가는 백성들의 가슴에 민족혼과 독립 의지, 꿈을 심어 주었다.

까마득한 날에
하늘이 처음 열리고
어데 닭 우는 소리 들렸으랴

모든 산맥山脈들이
바다를 연모戀慕해 휘달릴 때도
차마 이곳을 범犯하던 못하였으리라

끊임없는 광음光陰을
부지런한 계절季節이 피어선 지고
큰 강江물이 비로소 길을 열었다

지금 눈 내리고
매화 향기梅花香氣 홀로 아득하니

내 여기 가난한 노래의 씨를 뿌려라

다시 천고千古의 뒤에
백마白馬 타고 오는 초인超人이 있어
이 광야曠野에서 목 놓아 부르게 하리라
_ 이육사, 〈광야〉

이육사 시인은 아주 강인하고 외향적인 시인이었다. 거기다가 강직한 성품을 가진 실천적인 시인이었다. 그는 이황의 14대 후손으로서 여섯 형제 중에 차남으로 태어났다. 그런데 이황의 피를 물려받아서 여섯 형제가 다 문사적 기질이 있었고, 함께 모이면 시를 발표하고 논평하면서 장원을 가리기도 했다. 형제들 가운데서도 이육사 시인은 장원을 자주 차지할 정도로 태어날 때부터 천재적 시성을 가지고 태어났다.

그런데 그는 시만 쓴 것이 아니라 독립운동을 했다. 그의 막내딸 이옥비 여사에 의하면, 20년 동안 총 17번이나 수감 생활을 했다는 것이다. 사실 이육사의 원래 본명은 이원록인데, 그가 처음으로 감옥에 갔을 때 수감 번호가 264번이었다. 그래서 일제에 저항하는 의미로 이름을 이육사로 했다는 것이다.

그의 성품은 매우 강직했다. 친처남이 무관학교 1기였는데, 일본 경찰에 잡혀가서 온갖 매를 맞고 모진 고문을 당하다가 그만 고문을 이기지 못하고 다 불어 버렸다. 그래서 이육사를 비롯하여 독립운동을 했던 동지들이 줄줄이 잡혀갔다. 이육사가 그때 얼마나 분이 났으면 처갓집 장인과 장모님한테 장문의 편지를 보냈다는 것이다. "나는 더러운 피를 나눈 여자와 함께 살 수 없소. 이제 저 여자는 내 아내가 아니요. 그러니 당장 데려가시오."

그리고 7년 동안이나 아내를 쳐다보지도 않았다는 것이다. 그 부인이 이를 얼마나 치욕스럽게 느꼈던지 몇 번이나 자살을 시도했다는 것이다. 다행히 시어머니와 시아버지가 딸처럼 사랑해 주어서 살았다고 한다. 그러니까 오로지 이육사에게는 조국의 독립과 자유밖에 없었던 것이다.

그는 독립운동을 하면서도 시를 썼다. 그런데 그 시를 쓰게 된 문학적 영감과 독립운동의 정신적 동기가 성경에서 나왔다는 것이다. 이옥비 여사의 증언에 의하면, 그는 중국어 성경을 늘 품고 다니며 틈틈이 읽었다. 이육사가 감옥에 있을 때 부인이 일주일에 한 번씩 면회를 가서 옷을 가져다주었는데, 일주일 동안 입었던 옷에 피가 낭자해 있었다고 한다. 성치 않은 몸인데도 얼마나 매를 맞고 고문을 당했으면 온몸에 피가 낭자했을까.

그러니 부인이 집으로 돌아올 때 그 피 묻은 속옷을 눈물로 촉촉이 적시고 왔다는 것이다. 이육사는 20년 동안이나 모진 고문을 당하고 매를 맞았지만 단 한 번도 동지들의 이름을 불지 않았다. 그러면서 그런 순혈적 지조와 지사적인 절개, 강직한 성품으로 인내하며 시를 썼다. 그 시가 다 조국의 독립과 자유와 평화를 염원하고 희망하는 시였다.

그러니까 부인이 면회를 가면 이육사가 고문을 받아 몸을 비틀거렸지만, 얼굴에 환한 미소를 띠며 이렇게 말했다고 한다. "부인, 염려하지 마시오. 절대 걱정일랑 마시오. 우리에게 좋은 날이 올 것이오." 그러나 그는 베이징 감옥에서 견딜 수 없는 고문과 매를 맞고 몸이 시들어 갔다. 더구나 폐가 안 좋았으니 그 추운 겨울에 차디찬 냉방에서 기침을 심하게 하다가 1944년 1월 16일, 40세의 나이로 순국을 한다. 바로 순국하기 전에 베이징 감옥에서 쓴 시가 〈광야〉였다.

〈광야〉라는 시도 성경에서 영감을 받아 썼다고 한다. "까마득한 날에 / 하늘이 처음 열리고 / 어데 닭 우는 소리 들렸으랴"라는 표현도 성경적인 표현이 아닌가. 그는 독립운동을 하다가 베이징 차가운 감옥에 갇혀 눈을 감고 조국을 생각하고 있다. 그러면서 원시적 광야의 이미지를 떠올린다. 처음 하늘이 열리고 닭 우는 소리가 들리는 광야는 바다로 향하는 산맥마저 차마 범하지 못하는 순결한 땅이다.

그 위로 끊임없는 세월이 흐르고 사계가 흐르면서 드디어 역사의 강물이 길을 열었다. 그리고 그 광야에 지금 눈이 내린다. 그런데 매화 향기 홀로 가득하다는 것이다. 매화가 필 수 없는 광야에 매화 향기가 아득하다는 것은 그 어떤 폭압과 압제에도 굴하지 않는 독립운동가들의 지조와 자기 내면의 절개를 보여 준다. 또한 '백마 타고 오는 초인'은 기독교의 메시아와 같은 존재이다. 그러므로 백마 타고 오는 초인에 대한 여망이야말로 이 시가 조국의 독립과 광복의 축복을 염원하고 있다는 것을 단적으로 보여 준다.

쫓아오던 햇빛인데
지금 교회당 꼭대기
십자가에 걸리었습니다.

첨탑이 저렇게도 높은데
어떻게 올라갈 수 있을까요.

종소리도 들려오지 않는데
휘파람이나 불며 서성거리다가,

괴로웠던 사나이,
행복한 예수 그리스도에게

처럼

십자가가 허락된다면

모가지를 드리우고

꽃처럼 피어나는 피를

어두워 가는 하늘 밑에

조용히 흘리겠습니다.

_ 윤동주, 〈십자가〉

윤동주는 항일 저항 시인이면서 동시에 기독교적 세계관을 시 속에 아름답게 표현한 시인이다. 여기서 말하는 '십자가'는 실제로 십자가를 가리키기도 하면서 조국 광복을 위한 고귀한 희생이라는 상징적 의미도 담겨 있다. 이 시를 쓴 1941년은 일제의 압제가 최악으로 치닫던 때다. 그는 조국의 해방을 '쫓아오던 햇빛'으로 이미지화했다.

물론 역사학자들은 이 해석에 반대하는 경향이 있다. '쫓아오던 햇빛'을 넓은 의미로 "모든 것이 억압되는 현실에 자유가 상실되는 것에 대한 지성의 공포이자 민족적 압제에 대항한 차별 철폐의 염원을 담은 것"이라고 해석하려 한다. 왜냐하면 당시 시대 상황으로 볼 때 윤동주가 민족의 독립을 시적으로 드러낼 단계가 못 되었다는 것이다.

그러나 이런 견해는 윤동주의 시를 시대적 상황과 역사 해석의 틀 안으로만 제한시키는 우를 범할 수 있다. 그래서 나는 시인의 눈으로 봤을 때 '쫓아오던 햇빛'을 '해방의 꿈'이 아닌가 생각해 왔다. 일반적인 국문과, 문창과 교수들도 이 의견에 동의하는 것을 보았다.

그런데 광복의 축복이 아직은 십자가에 걸려 있다. 첨탑이 저렇게 높으니 올라갈 수도 없어 해방은 우리의 힘으로는 불가능하다는 것이다. 그럼에도 불구하고 해방의 꿈과 길은 오직 저 십자가에 달려 있다는 것이다. 십자가는 고난의 상징이 아닌가. 그러니까 조국의 독립을 위해서는 우리 민족이 더 많은 고난을 당해야 한다는 것이다.

그런데 만약에 하나님께서 자신에게 그 고난의 영광을 허락하신다면, 꽃처럼 피어나는 자신의 젊음의 피를 '어두워 가는 하늘 밑', 민족의 제단에 아낌없이 드리겠다는 것이다. 그러더니 윤동주는 결국 조국의 독립을 위해 후쿠오카 감옥에서 민족의 제단 위에 꽃처럼 피어나는 피를 쏟으며 제물이 되어서 죽었다. 이 얼마나 온몸으로 쓴, 시대적 소통과 가교 역할을 한 예언자적 시인가.

그런 의미에서 윤동주는 별의 시인이고 애국 시인이며 저항적 민족 예언 시인이었다. 그때 청록파 시인들은 당시 민족의 고난이 어떻든 역사의 아픔과 민족의 아픔을 외면하고 자연과 교감을 나누는 서정시들을 썼다. 물론 그분들도 자연과 인간의 서정을 심미적으로 노래한 훌륭한 시인들이었지만, 윤동주는 역사의 아픔을 온몸으로 끌어안고 저항의 삶을 살다 간 시인이었다.

동주여,
님이 사랑과 추억과 그리움과 동경으로 헤아리던
별 헤는 밤은 이젠 없습니다
다 헤아릴 수 있다 해도
또 우리의 청춘이 다하지도 않았지만
저 먼 밤하늘에 남겨 두었던
그 수많은 별들의 이름도 이젠 부를 수 없습니다

도시의 밤거리를 비추는 휘황찬란한 네온사인
도로 위의 가로등
더 이상 이 도시에는 별 헤는 밤이 오지 않을 듯합니다
산언덕 어딘가에 썼다가 흙으로 다시 덮어 지우고 싶은
그리운 이름들도 사라졌습니다

그러나 동주여,
님의 별 헤는 밤의 시가

이 도시 어딘가

잠 못 드는 이의 낮은 숨결로 낭송되고

외롭고 쓸쓸한 자의 가슴에서

밤새 헤아리고 싶은 밤하늘 별로 빛나고 있다면


우리의 밤은 어두운 암흑으로 갇히지 않고

다시, 별 헤는 밤이 되어

별 하나에 추억과 사랑과 쓸쓸함과 동경과

시와 어머니의 이름을 부르겠지요


사라진 별들

부를 수 없는 별들

영영 떠나 버린 어머니의 이름

그러나 우리의 가슴속에 떠오른 푸른 별

따뜻한 어머니의 이름이여

그래서 다시 영원히 지지 않을 별 헤는 밤이여.

_ 소강석, 〈다시, 별 헤는 밤〉


위의 시는 윤동주 탄생 100주년을 맞아 내가 쓴 시집 《다시, 별 헤는 밤》에 수록된 시다. 윤동주가 차마 하지 못한 말을 내가 윤동주 속에 들어가고 윤동주가 내 속에 들어와 그의 발자취를 따라 걸으며 가슴으로 쓴 시들을 모아 평전 시집으로 출간했다. 윤동주가 사랑과 추억, 그리움과 동경으로 바라보던 별 헤는 밤은 이젠 없다. 도시의 밤거리는 너무나 휘황찬란한 네온사인으로 가득하여 별이 보이지 않는다.

  윤동주가 용정의 산 어딘가 썼다가 다시 흙으로 덮어 놓았을 이름들도 찾을 수 없다. 그러나 그가 남기고 간 시는 남아 여전히 낮은 숨결로 낭송되고 있다. 외롭고 쓸쓸한 이들의 가슴에 그의 시가 남아 있는 한, 그가 추억하고 그리워하던 이름들은 별이 되어 떠오를 것이다. 그래서 우리는 다시, 별 헤는 밤을 지새우게 될 것이다.

  윤동주 이후
  우리 모두는 가슴에 시 한 편 가졌다
  아무리 시에 관심 없고
  문학에 문외한인 사람일지라도
  그가 사형수이든 수배자이든
  대통령이든 국회의원이든
  초호화 재벌이든 폐지를 줍는 노인이든
  경찰이든 단속에 쫓기는 노점상이든
  꽃처럼 피어나는 소녀이든
  막다른 골목 유곽의 외로운 여인이든

콘크리트 숲 회사원이든

지하도에 신문지를 깔고 잠드는 노숙자이든

어머니의 손수건 같은 시 한 편 가졌다

우리의 지저분한 마음을

가혹한 상처를

씻을 수 없는 후회를

위로하고 닦아 주는 시 한 편 가졌다

서시序詩는 지금도

모든 죽어 가는 것들을 사랑하는

우리 가슴속 별이 되어

바람에 스치운다.

_ 소강석, 〈서시序詩, 이후…〉


나에게 당신의 파란 녹이 낀 구리거울을 주세요

밤마다 손바닥으로 닦으며

눈물로 참회록을 썼다는

당신의 희미한 구리거울을 주세요


날마다 수많은 유리거울 앞에 서면서도

한 점 부끄러움도 없이 살아가는

그 숱한 말의 유희와 성찬을 즐기면서도

단 한 줄의 참회록도 쓰지 못하는
욕된 어느 왕조의 버려진 거울처럼

화인 맞은 양심이 무감각해져서
내 안에 흠과 티를 보지 못할 때
당신의 녹이 낀 구리거울을 주세요

밤이면 밤마다 나를 비추며
손바닥으로 닦고 닦아
유리처럼 맑은 영혼을 빚는
당신의 구리거울을 주세요

그 구리거울에서 나의 모습이 아닌
그대 얼굴이 보여지도록….
_ 소강석, 〈동주의 거울〉

별은 혼자 빛날 수 없으므로
또 다른 별이 빛을 비추어 준다고 하지요
나를 비추어 주었던 별, 정병욱
모든 사람들 만류하였지만
끝끝내 나의 시를 마루 밑 항아리에 숨겨서

툇마루 너머 별로 떠오르게 하였지요


나의 또 다른 영혼, 강처중
경향신문 기자로서 자신의 목을 걸고
《하늘과 바람과 별과 시》라는 시집을 출판하여
윤동주라는 이름을 세상에 알려 주었지요


그리고 못다 이룬 그리운 사랑… 순이順伊
이화여전 문과 졸업반이었던 그녀
아카시아 향기 나는 머릿결을 따라
나의 영혼도 흔들렸어요


이제 막 드넓고 광활한 시의 세계에 눈을 뜰 즈음
그 함박눈 내리는 길목에서 다가온
또 다른 눈송이 하나 순이
너는 나에게 다가왔지만
나는 너에게 다가갈 용기가 없어
고작 너를 만난 것은 교회의 바이블클레스와 기차역


나의 청춘의 순정과 고백의 꽃다발을 주었다는 걸
그대도 알잖아요

일본에 간다고 말할 때 아무 말 없이 촉촉이 젖던 그대 눈동자
나를 향한 애틋한 사랑과 그리움의 여울

아, 순이의 사랑
그대를 생각만 해도 내 삶에 빛이 비치고
이미 그대는 내 빈 의자에 주인으로 앉아 있지만
그대의 젖은 눈동자 남겨 두고 떠나는 용기 없는 사나이
내 자신이 달보다 더 미워지고
이제는 달을 향해 던진 돌을 나에게 던져요
다시 만날 수 없는 그대라면
잊힌 꽃다발을 말없이 건네주리라.
_ 소강석, 〈연희전문학교에서 2〉


시인이 아니더라도 우리나라 사람이라면 윤동주를 모르는 사람이 없다. 그가 남긴 단 한 권의 시집 《하늘과 바람과 별과 시》는 지금도 한국인이 가장 사랑하는 시집이다. 특별히 〈서시〉, 〈별 헤는 밤〉, 〈자화상〉과 같은 시들은 한국인, 일본인, 중국인 누구에게나 친근하게 느껴진다.

그는 인간의 보편적 가치와 자연에 대한 서정성을 순결한 영혼으로 노래한 별의 시인으로 빛나고 있다. 물론 일제 암흑기 속에서 정서적 저항을 한 시인 정도로 이해하는 성향도

있었다. 그러나 그의 시 세계를 심층 심리적으로 연구해 보면 자연을 노래한 서정성 이면에 감춰진 저항적 시대 예언자로서의 시 세계를 발견할 수 있다.

그가 잎새에 이는 바람에도 괴로워하며 하고 싶었던 말들은 무엇이었을까, 별 헤는 밤에 흙바닥 위에 썼다 지웠던 문장들은 무엇이었을까…. 그는 어두운 시대에 태어나서 불운하게 죽었던 민족의 대표자요, 고난의 그림자라고 할 수 있다. 그래서 너무 애처롭고 무언가 빚을 지고 있다는 마음이 들어서 그가 못다 한 말들을 시로 써 보고 싶었다.

그러기 위해서 일본의 릿쿄대학, 도시샤대학, 후쿠오카 감옥 등을 두루두루 다니며 그의 체취와 숨결을 느끼려 했다. 그리고 몇 번이나 다녀갔던 중국 용정의 명동촌을 다시 방문하였고 윤동주의 무덤을 가 보았다. 그런데 윤동주의 무덤은 풀 한 포기 나지 않은 채 완전히 벌거숭이가 되어 있었다. 야산에 방치된 윤동주의 무덤을 보고 마음이 너무 측은하고 민망한 마음이 들었다. '아, 그는 죽어서까지 이렇게 외롭고 고독하고 쓸쓸하게 있어야 한단 말인가.'

그래서 동행한 가이드에게 돈이 얼마나 들어도 좋으니까 당장 뗏장을 구해다가 입혔으면 좋겠다고 하였다. 그런데 용정에는 뗏장이 없다는 것이다. 심양이나 상해까지 가야 한다는 것이다. 그래서 어쩔 수 없이 뗏장이 구해지면 연락을 주라고 당부해 놓고 한국으로 돌아왔다. 얼마 후 가이드에게서 심양에서 뗏장을 구했다는 전화가 왔다. 그래서 윤동주 시인의 6촌 동생인 가수 윤형주 선생님과 함께 다시 용정을 방문하였다.

 윤형주 선생님과 동행하면서 책에서는 찾을 수 없었던 윤동주 시인에 대한 비하인드 스토리를 들을 수 있었다. 마침내 윤동주 시인의 벌거숭이 무덤 위에 하나둘 푸른 뗏장을 입히기 시작했다. 하늘의 구름도 잠시 멈추고 바람도 다가와 윤동주 시인의 푸른 무덤을 내려다보는 듯하였다. 그의 무덤 앞에서 짧은 연시를 바쳤다.

님의 무덤을 찾아오지 않고서야
어찌 시인이라 할 수 있으랴
그대처럼 아파하지 않고서야
어찌 시를 쓴다 할 수 있으리오
부끄러움 하나 느끼지 않고 시를 썼던
가짜 시인을 꾸짖어 주십시오
눈물 없이 쓴 껍데기 시를
심판해 주십시오
참회록 없는 이 시대의 시인들을
파면해 주십시오

당신 무덤에 피어오른 동주화를

내 마음의 무덤에 심도록 허락해 주십시오.

_ 소강석, 〈윤동주 무덤 앞에서 3〉


지금도 윤동주를 생각하면 그의 시가 내게 다가오고 푸르른 무덤이 오버랩된다. 무덤보다 중요한 게 그의 순결한 영혼이며 저항적 시대정신이 아닐까. 황무지 같은 삶을 살고 있는 우리들에게 그의 시는 사막의 오아시스이며, 낙타가 젖은 눈으로 바라보는 별이며, 순례자들의 몸을 녹이는 모닥불 같은 것이리라. 목마르고 춥고 허기진 광야의 밤, 동주가 가슴에 품고 노래한 별들은 지금도 어느 밤 하늘가에 반짝이고 있을 것이다.


밤을 혼자 버려둘 수 없어

꽃 한 송이 들고 달려온 바람

별마저 눈을 감고 잠드는데

흑암의 땅에 어떻게 빛의 꽃이 피었나


밤의 어둠을 사르며 떨어지는 별

겨울 우박을 심장에 품고 피는 꽃

빛은 어디서 왔나 꽃은 어느 바람에 피었나

도시마다 가득한 저 빛 저 빛 저 십자가의 빛

빛은 무엇과 싸워 아침을 오게 하나
어둠은 어떻게 패배하며 물러나는가
칼은 어떻게 촛대가 되었나
상처는 어떻게 꽃으로 피어났나

루체 비스타 루체 비스타 루체 비스타
빛의 풍경 빛의 나라
_ 소강석, 〈빛의 나라〉

위의 시는 한국기독교 140주년 기념 칸타타 '빛의 연대기' 첫 곡의 가사이다. 우상과 미신, 가난과 차별로 인하여 고통받고 신음하던 조선 땅에 푸른 눈동자의 선교사들이 복음의 빛을 전해 주면서 사랑과 자유, 인권과 박애 사상이 들어오고 신분 차별이 사라지고, 여성과 아이들도 차별당하지 않고 교육받을 수 있는 권리가 주어졌다. 이러한 시대적 상황을 '빛의 연대기'라는 시적 서사를 통해서 표현했다.

그러나 그 반대의 경우도 있다. 시인이 역사적 통찰력을 잃었을 때는 문학을 도구로 삼아 일신의 안위와 부귀영화를 추구하는 나팔수가 되기도 한다. 그 대표적인 예가 바로 현제명의 〈희망의 나라로〉라고 볼 수 있다.

> 배를 저어가자 험한 바다 물결 건너 저편 언덕에
> 산천 경개 좋고 바람 시원한 곳 희망의 나라로
> 돛을 달아라 부는 바람 맞아 물결 넘어 앞에 나가자
> 자유 평등 평화 행복 가득 찬 곳 희망의 나라로
> _ 현제명, 〈희망의 나라로〉 중에서

위의 시에서 말하는 '희망의 나라'는 일제를 말한다. 시인은 일제와 천황에게 충성하고 일본의 식민 전쟁에 참전할 것을 시를 통하여 노래하고 있다. 그래서 일제의 식민 정책과 선전의 도구로 사용되었다. 시인이 예언자적 소명을 잃었을 때 시대적 소통과 가교 역할을 하지 못하고 오히려 역사를 퇴보시키는 결과를 낳을 수 있음을 보여 준다.

시인은 시대의 어둠을 깨우는 예언자요, 선지자가 되어야 한다. 시대가 아파하면 함께 울고, 길을 잃으면 옳은 길을 제시하는 등대이자 이를 지키는 청지기가 되어야 한다. 그래서 시대의 눈물을 닦아 주고 다리를 놓는 희망의 가교 역할을 해야 한다. 그럴 때, 그의 시는 시대적 혼을 담은 역사적 길잡이로 승화된다.

## 시의 종착

-

### 땅의 사람, 하늘의 시

 

시는 머릿속으로 만들어서 쓸 수 있는 것이 아니라 찾아와야 하는 면이 더 크다. 내가 사라진 자리에 하늘의 언어가 찾아와 시로 발현되는 것이다. 그런 의미에서 시의 종착지는 땅의 사람에게 찾아온 하늘의 언어, 하늘의 시라고 말할 수 있다. 나는 계간 《문학나무》에 〈아담〉에서부터 〈예수 그리스도〉에 이르기까지 성경 인물 시 87편을 써서 연재한 바 있다. 김종회 교수님께서 주옥같은 평설을 해 주셔서 더 빛날 수 있었다.

성경 인물 시는 국민일보에도 연재되며 아름다운 반향을 일으켰다. 아마 지금까지 성경 인물들을 주제로 하여 인물 평전 시를 쓴 전례는 없었던 것으로 안다. 한국교회 최초로 성경 인물 평전 시집을 출판할 것이다. 문학을 전공한 것도 아니고 전문 시인도 아니지만, 시를 순수하게 사랑하고 동경하며 시를 배워가고 습작했던 여정을 지나 성경 인물 평전 시집이라는 꽃을 피울 수 있게 된 것에 감사한다.

내 안에 유리거울 하나 빛났지
당신이 나를 흙으로 빚고
코에 생기를 불어넣었을 때…
그 거울에 비친 당신의 얼굴
산짐승과 날짐승들의 이름을 부르는 바람의 호명
태양 빛도 숨죽이던 날
하와의 하얀 손바닥 위에서 빛나던
빨간 선악과의 미혹
금단의 열매를 깨물었을 때
내 안에 유리거울이 깨지고
깨진 유리 파편 위로
검은 소나기가 세차게 내렸다
에덴을 잃어버린 후
지금도 소나기가 내리면
슬픈 소년이 된다.

_ 소강석, 〈아담〉

성경 인물 시를 처음 시작할 때 정말 고뇌가 많았다. 첫 인물인 아담을 어떻게 시적으로 묘사해야 할지 감이 잘 안 잡히는 것이다. 그렇다고 기존의 종교시들처럼 뻔한 서사를 하고 싶지 않았다. 몇 날 며칠을 고심하던 어느 날, 화장실에서 유리거울을 보는데 번쩍하고 시적 이미지가 찾아왔다. 하나님의 형상을 닮은 아담이 거울의 이미지로 다가오고, 선악과를 따 먹고 타락한 이후에 하나님의 형상이 박살 난 사건이 깨진 유리거울로 형상화되는 것이다. 그렇게 해서 탄생한 시가 〈아담〉이다. 이 시대 최고의 문학평론가인 김종회 교수님께서 〈아담〉을 평설해 주셔서 소개한다.

"아담은 구약 성경 창세기에 등장하는 최초의 인간이다. 이 시는 아담을 화자로 하여 그 인식 및 심리적 동향을 서정적이며 감각적으로 들려준다. 시적 언술에서는 자기 안에 생성된 '유리거울 하나'를 찾아낸다. 그 거울에 하나님의 얼굴이 비치니 이는 '당신'의 훈도薰陶를 보여 주는 반사판이다.

그런데 '빨간 선악과의 미혹'으로 거울이 깨지고 유리 파편 위로 '검은 소나기'가 세차게 내린다. 검은색이 표방하듯 어둠의 세력이다. 이 시의 뜻깊은 방점은 마지막 구절에 있다. 지금도 소나기가 내리면 시적 화자, 곧 아담은 '슬픈 소년'이 된다. 그 슬픔은 실낙원의 상실과 아픔에 대한 총칭이다. 소년은 현재형의 지위에 있다. 아담의 역사歷史는 지금도 현재진행형이며 소년처럼 미숙했던 과거에 대한 회오悔悟가 거기에 있다. 시인은 시적 화자의 정황에 자신의 심경을 투영하며 그로써 값있는 시를 생성한다."

    과거를 회귀시키는 일처럼 불편한 것이 없지요
    기억하고 싶진 않지만
    지울 수 없는 어둡고 깊은
    세리의 음각陰刻
    어둡고 침침한 골방에 누워
    홀로 보내야 했던
    우울한 허상의 나날
    동족들 사이의 섬이 되어
    배신과 조롱의 화인을 맞은 채 살아가고 있을 때
    꽃이라 불러 주신 당신
    그 따스한 눈빛, 향기로운 미소
    다정한 말의 잔향殘響
    단 한 번의 마주침과 사랑의 부름이
    영원히 잊지 못할 노래가 되어
    봄날의 꽃으로 피어나고

영원히 찢기지 않을

파피루스 서신으로 전해지리.

_ 소강석, 〈마태〉

위의 시에 대한 김종회 교수님의 평설을 소개한다.

"마태는 익히 알려진 바와 같이 세리稅吏 출신이다. 철저하고 계산적인 성격이었음을 기록을 통해 유추할 수 있으나, 회개하여 제자가 된 후 큰 신뢰를 받았다. 마태는 복음을 전하다 에티오피아에서 순교했다. 시인은 먼저 마태의 과거에 방점을 두고 시작한다. 화자는 마태 자신이다. 화자는 '어둡고 침침한 골방' 같은 삶에 '우울한 허상의 나날'을 살았던 사실을 환기한다.

그러나 '꽃이라 불러 주신 당신'으로 인해 '배신과 조롱의 화인火印'을 넘어 마침내 복음서의 첫머리를 열었다. 그 부름에 있었던 '다정한 말의 잔향殘響'은 매우 서정적이고 시적인 언어다. 마태의 입을 빌려 시인은 그 단 한 번이 영원이 되고 '봄날의 꽃'으로 피어났으며 '영원히 찢기지 않을 파피루스 서신'으로 전해진다고 술회한다. 여기서 강렬하게 읽는 이를 자극하고 촉발하는 것은, 그처럼 격렬하고 운명적인 만남의 순간이 우리에게는 언제인가 하는 물음이다."

항구 도시 다소의 수평선 너머
온 세상을 뒤덮을 거대한 바람이 불어왔는가
가말리엘 문하의 엘리트, 베냐민 지파,
바리새인 중의 바리새인으로서
가장 극렬하게 그리스도인들을 쫓아 핍박하였던
율법의 심판자, 로마의 야수
또 다른 이단자 포획을 위해
다메섹 도상을 걸어가고 있을 때
스데반의 눈물과 함께
그를 찾아온 거부할 수 없는 빛
아, 눈이 멀고서야 볼 수 있었고
길에서 쓰러져서야 새 길을 찾을 수 있었는가
안디옥에서 로마까지
총독 베스도와 아그립바왕 앞에서까지
포승줄에 묶인 자유인이 되어
십자가의 복음을 전한 예수 마니아
그의 펜 끝에서
땅끝까지 전해지는 복음의 문이 열리고
로마의 칼을 꺾는
십자가 사랑의 꽃이 피었다.

_ 소강석, 〈바울〉

위의 시에 대한 김종회 교수님의 평설을 소개한다.

"'눈이 멀고서야 볼 수 있었고, 길에서 쓰러져서야 새 길을 찾을 수 있었다.' 역설적 반어법이 빛나는 시의 한 대목이다. 예수 사후 불과 몇 년 만에 회심한 바울의 등장을 두고 시인은 '온 세상을 뒤덮은 거대한 바람'이라고 표현했다.

원래의 사울이 기독교인에 대한 핍박자이자 율법의 심판자로서 그 역할이 가혹했던 만큼 돌이킨 자리에서 그의 헌신은 놀랍기 이를 데 없었다. 그의 머나먼 도정에는 스데반의 눈물을 목격한 체험이 있었고 다메섹 도상에서 예수와 극적인 반전의 만남이 있었다. 또 은혜의 분수령을 넘어선 이후에 숱한 고난을 감내해야 했다. 시인은 바울의 삶을 형용해 '포승줄에 묶인 자유인'이며 '십자가의 복음을 전한 예수 마니아'라고 평가했다. 나아가 그의 펜 끝에서 땅끝까지 전해지는 '복음의 문'이 열리고 '로마의 칼'이 아닌 '십자가 사랑의 꽃'이 피었다고 술회했다. 불세출의 신앙 위인, 위대한 사도의 표본이 바울이라고 본 것이다."

# 8.

# 시 창작을 위한 제언

T. S. 엘리엇은 "문학의 위대성은 문학적 기준만으로는 결정되지 않는다. 다만 문학인가 아닌가라는 사실만이 문학적 기준에 의해 결정될 따름이다"라고 했다. 여기서 말하는 문학적 기준은 표현 기법에 대한 문제다. 다시 말해서 아무리 위대한 문학 정신과 사상을 담고 있다 하더라도 표현 기법(이미지, 은유, 함축, 은닉, 낯설게하기 등)이 제대로 적용되어 있지 않으면 성숙한 시로 발전할 수 없다는 것이다.

그만큼 성숙한 시인의 단계에 오르기 위해서는 표현 기법에 대한 많은 고뇌와 습작의 과정이 있어야 한다. 시 창작에서 감각적 이미지를 만드는 것은 산문적 설명을 버리는 것에서부터 출발한다. 산문적 해석과 설명을 버리고 또 버려서 대리석같이 단단한 시, 뼈다귀같이 군살이 없는 시를 만들어 가야 한다.

그러기 위해서는 먼저 많은 시집을 읽으며 필사해 보는 것이 좋다. 평소에 좋아하던 시인들 위주로 몇 번을 반복해서 읽고 다시 써 보는 것이다. 그러면 점점 시를 쓰는 방법과 형식을 알 수 있다. 그리고 아무리 그 필사의 대상이 일류 시인이라 해도 나는 또 새로운 관점에서 시를 쓰고 싶은 마음이 생겨난다.

그러면 몇십 편을 써 본다. 완성도가 높은 시가 아니어도 좋다. 처음에는 낙서 같은 시여도 좋다. 그러나 포기하지 말고 반복해서 습관처럼 계속해서 시를 써 보는 것이 중요하다. 그러다 보면 점점 시의 형식과 단어, 압축된 문장을 익히게 되고 주제의 폭도 넓어진다. 이제는 모방을 하지 않아도 주변에서 시의 소재가 떠오르고 시를 쏠 수 있는 용기와 마인드가 생긴다.

같은 시 제목이지만 전혀 다른 시를 창작하게 된다. 생각해 보면, 세상에 어찌 전혀 새로운 것이 있겠는가. 해 아래 새로운 것이 없다. 모든 것은 이미 세상에 다 나왔다. 다만, 이미 기록된 것을 새롭게 모방하여 어떻게 재창조하느냐가 관건이다. 물론 모방을 한다고 해서 표절이 되어서는 안 될 것이다.

  시집을 최하 3백 권 이상 읽고 시를 쓸 수만 있으면 자신의 이름으로 시집을 내는 게 좋다. 시를 써도 다시 읽고 수정하고 또 수정하고 끝이 없다. 우리 시대 최고의 시인으로 불리는 정호승 시인도 시집을 출간하기 위해 1년이 넘도록 원고를 수정하고 또 수정한다는 말을 들은 적이 있다. 시집 5백 권을 읽고 시집 대여섯 권을 내고서야 자신의 부족함을 깨닫게 되고, 그렇게 깨달으면 자기 시의 세계가 펼쳐진다.

  그 못지않게 중요한 것이 있다. 문학적 거인을 만나 보는 것이다. 나 또한 이어령 교수, 김종회 교수, 정호승 시인 등을 만나 직접 사사를 받으면서 문학적 전환과 지평을 새롭게 열 수 있었다. 물론 다양한 책을 통해서도 만날 수 있다. 이 책이 새로운 시 세계의 문을 여는 소중한 계기가 되기를 바란다. 책을 마무리하며 소개하고 싶은 시가 있다. 내가 평소에 너무나 애송하는 정호승의 〈고래를 위하여〉라는 시다.

  푸른 바다에 고래가 없으면
  푸른 바다가 아니지
  마음속에 푸른 바다의
  고래 한 마리 키우지 않으면
  청년이 아니지

푸른 바다가 고래를 위하여
푸르다는 걸 아직 모르는 사람은
아직 사랑을 모르지

고래도 가끔 수평선 위로 치솟아 올라
별을 바라본다
나도 가끔 내 마음속의 고래를 위하여
밤하늘 별들을 바라본다

_ 정호승, 〈고래를 위하여〉

  이 시대 최고의 감성 시인이요, 언어의 연금술사인 정호승 시인의 삶을 향한 깊은 통찰력과 서정성이 돋보이는 시다. 고래는 얕은 호수나 시냇물에서 살 수 없다. 아무리 거대한 아마존강이라 할지라도 고래는 강물에서도 살 수 없다. 고래는 푸르고 드넓고 깊은 바다에서만 살 수 있다. 그런데 시인은 그 푸르고 드넓은 바다를 우리 마음으로 비유하고 있다. 따라서 고래가 없으면 바다가 아니듯, 우리 마음의 푸른 바다에 고래 한 마리를 키워야 한다는 것이다. 그렇지 않으면 가슴이 뛰는 청년이 아니라는 것이다. 이미 그 사람은 늙어 버렸다는 것이다.

  그런데 고래 한 마리가 푸른 바다를 푸르게 할 뿐만 아니라, 푸른 바다 역시 고래를 위하여 푸르다는 것이다. 이것을 아직도 모르는 사람은 사랑을 모른다는 것이다. 여기서 시인은 위대한 반전을 한다. 그래서 시인은 하루하루 현실과 타협하며 살아가는 사람들에게 푸른 바다가 되라고 권면한다. 비록 거센 파도가 몰아치고 해일이 휘몰아치는 거친 바다일지라도, 우리의 마음은 반드시 푸른 바다가 되어야 한다는 것이다. 그럴 때 우리 마음의 바다에서 거대한 고래를 만날 수 있다. 그 고래는 우리의 꿈일 수도 있고, 이상일 수도 있고, 사랑과 자유일 수도 있다. 아니, 우리 안에 꿈틀거리고 있는 위대한 생명일 수도 있다. 생명이 있어야 꿈도 있고 이상도 있고 사랑과 자유도 있을 수 있는 것이 아닌가.

그래서 시인은 또 한 번의 시적 이미지의 상승을 시도한다. 그것은 고래도 가끔 수평선 위로 치솟아 올라 별을 바라본다는 것이다. 여기서 별의 이미지는 꿈 너머의 꿈, 이상 너머의 이상, 사랑과 자유를 넘어선 그 어떤 것들로 볼 수 있다. 그러니까 고래가 바라보는 별은 우리의 꿈이 꿈 되게 하고 생명이 생명 되게 하는 진정한 삶의 초극적 이상이요, 그 꿈과 생명의 빛이다. 그래서 고래가 가끔 수평선 위로 치솟아 별을 바라보는 것처럼, 우리 모두도 마음속의 고래를 위하여 밤하늘의 별을 바라보아야 한다는 것이다.

얼마나 우리의 가슴이 시리도록 감동을 주는 시인가. 시를 알고 배우고 시인이 된다는 것은 가슴속 푸른 바다에 고래 한 마리 품고 사는 것과 같다. 수평선 위로 치솟아 올라 밤하늘의 별을 바라보는 일이다. 이 책을 읽는 모든 분들이 시를 읽고 쓰면서 자신의 인생과 이 세상을 푸른 바다로 만드는 한 마리의 고래가 되기를 소망한다.

영혼을 담은 시 쓰기

1판 1쇄 발행 2025년 12월 15일
1판 3쇄 발행 2025년 12월 29일

지은이 소강석
펴낸이 김성구

책임편집 고혁
디자인 이영민
콘텐츠본부 양지하 김초록 이은주 류다경 이아름
마케팅부 송영우 김지희 강소희
제작 어찬
관리 안웅기 이종관 홍성준

펴낸곳 (주)샘터사
등록 2001년 10월 15일 제1-2923호
주소 서울시 종로구 창경궁로35길 26 2층 (03076)
전화 1877-8941
팩스 02-3672-1873
이메일 book@isamtoh.com
홈페이지 www.isamtoh.com

ⓒ소강석, 2025, Printed in Korea.

이 책은 저작권법에 따라 보호를 받는 저작물이므로 무단 전재와 복제를 금지하며,
이 책의 내용 전부 또는 일부를 이용하려면 반드시 저작권자와 (주)샘터사의
서면 동의를 받아야 합니다.

ISBN 978-89-464-2326-8  03800

• 값은 뒤표지에 있습니다.
• 잘못 만들어진 책은 구입처에서 교환해 드립니다.

샘터 1% 나눔실천
샘터는 모든 책 인세의 1%를 '샘물통장' 기금으로 조성하여 매년
소외된 이웃에게 기부하고 있습니다. 2024년까지 약 1억 1,650만 원을 기부하였으며,
앞으로도 샘터는 책을 통해 1% 나눔실천을 계속할 것입니다.